覚醒への旅路II

坂本政道　はるかなる意識の旅

ダークサイドとの遭遇

ENCOUNTERS WITH THE DARKSIDE

ハート出版

はじめに

私はダークサイドの宇宙人が実際にいるとはまったく考えていなかった。『スター・ウォーズ』のような映画の中だけの話かと思っていた。

それまでロバート・モンローの開発したヘミシンクという音響技術を使って深い意識状態に入り、数多くの星や銀河を訪れていた。そこでさまざまな生命体と会っていたが、特に邪悪な印象の生命体に会ったことはなかった。

ただ、後で振り返ると、その中のひとりに怪しい者がいた。彼にはフォーカス35とモンローが呼んだ非物質領域において、宇宙船の中で何回か会っていた。名前をラッシェルモアという。オリオン・グループの宇宙人で、皇帝を名乗っていた。

ダークサイドの宇宙人は非常に巧妙な手口を使う。彼らは最初は善良な宇宙人と何ら変わらぬ感じで接触してくる。そして、予言めいたことを言い、それが当たることでこちらの信頼を勝ち得ていく。

さらに、こちらのエリート意識をくすぐったり、場合によっては、超能力を与えてくれたり、金や名声、権力が一時的に思い通りになるようにしてくれたりする。

それに魅せられて、彼らに従っていくと、そのうち彼らの思わくどおりにコントロールされてしまう。

執筆や講演活動をして社会に影響力がある人は、彼らのターゲットになりやすい。また、いわゆる精神世界に興味を持つ人も狙われやすい。なぜなら心をオープンにして来るものをそのまま受け入れる傾向があるからだ。

世の中には彼らの思わくどおりに操られている著名人や政治家がいる。

彼らの餌食になるかどうかは、その人が超能力や金、名声、権力などの誘惑にどれだけ動かされるかにかかっている。

彼らとて、その人を無理矢理彼らの思う方向に向かせることはできない。あくまでもその人の意思が決めるのである。

ダークサイドの宇宙人との出会いは、覚醒への旅路の途上で避けては通れない関門なのかもしれない。

覚醒とは人間意識が一つ上の段階へ上がることを言う。人は今、第3密度と呼ばれる段階にあるのだが、覚醒とは第3から第4密度へ上がることを指す。

覚醒への道を歩み、知覚が時空を超えて広がってゆくにつれ、時間的に、あるいは空間的に、より広範囲に存在する自分を知るようになる。

それは、さまざまな時代にさまざまな場所で生きていた、いわゆる過去世の自分たちや、さらには地球外の生命系に生きていた、あるいは、生きている自分たちを知ることである。

その過程で必然的に起こってくることがある。

それは「自分」や、「大きな意味での自分」の持つネガティブな側面を知るということ、さらには、そういう側面を自分の中へ統合するということである。

小さな意味での自分としては、自分個人の持つネガティブな側面に気づくということ、それを受け入れるということである。具体的に言うと、
(A)怒り、恨み、憎しみ、そしり、ねたみ、愚痴、不平不満、悲しみ、苦しみ、つらさ、不安、怖れ、自己嫌悪、自己否定、罪悪感、劣等感、優越感、傲慢というネガティブな感情に囚われている、あるいは、囚われていた自分に気づく。
(B)そういう自分を否定したり、忘れようとしたりするのではなく、ありのまま受け入れる(それはそういう自分を癒すということでもある)。

これが自分のネガティブな側面に気づき、受け入れるという意味である。

普通はネガティブな側面に気がつくと、そういう自分を嫌い、否定しようとする。特にスピリチュアルなことに興味があって、精神性を高めようとしている人は、その傾向がある。

ところが、こういうネガティブな感情は否定しようとすればするほど、かえって大きくなってしまう。その存在をアピールしようとする。

だから、嫌ったり否定したりするのではなく、そのまま受け入れることが必要となる。

以上は小さな意味での自分、つまり個人として起こってくる事柄である。

それに対して大きな意味での自分ではどうだろうか。

ここで大きな意味での自分とは、時間や空間を超えて存在する自分であり、過去世の自分たちや、他の星に住む自分たちのことを指す（本書でお話しするＩＴクラスターやさらにはＩＴスーパークラスターとしての自分である）。

それについては、次のことが起こる。

（Ｃ）ネガティブ志向の生命体との出会いが起こる。その中には、いわゆるダークサイドの生命体がいる。平たく言えば、邪悪な宇宙人である。

（D）そういう生命体を大きな自分の中へ取り戻し、統合する。

つまり、大きな意味での自分の中には、ダークサイドの宇宙人が必ずいるので、それとの出会いが必然的に起こってくるのである。

大切なことはそういうダークサイドの自分に気づき、大きい自分の中へ取り戻すことである。ただし、それには相応の危険が伴う。ダークサイドの誘いに乗せられて、知らないうちにネガティブ側へ邁進してしまう可能性がある。ミイラとりがミイラになるわけだ。

本書は、ダークサイドの皇帝ラッシェルモアとの出会いに始まって起こった一連の出来事について主に書かれている。これと類することは誰でも起こり得ることだと思う。と言うより、もうすでにダークサイドの宇宙人からの誘いは始まっているかもしれない。あなたがそれに気づいていないだけということもありえる。

２０１５年初秋　坂本政道

目次

『覚醒への旅路』のあらすじ

『覚醒への旅路』では、これまでの私の体験を覚醒という視点から見直し、わかってきたことをまとめている。本書はその続編である。まず、『覚醒への旅路』の概要を載せる。

＊　＊　＊

人はみな遥かな過去から旅をしてきている。その途上でいくつもの星を訪れ、さまざまな生命を体験し、どこかの段階で地球へ来た。その後、何度となく生を生き、今に至っている。とてつもなく長い旅をしてきているわけだが、そもそも最初の旅に出たのはいつのことだったのだろうか。旅に出る前はどういう状態だったのだろうか。

それを思い出すことを**覚醒**と言う。目が覚めるのである。目覚めて初めてそれまで夢の中にいたことを悟る。

覚醒とはまた、旅に出る前に自分が「大いなるすべて」とか「創造の源」と呼ばれるものと一体だったことを思い出すことでもある。と同時に、今でも一体であることを知ることでもある。

覚醒とは、「真実の自己」と常につながった状態になることと言いかえることもできる。

人はみな心の奥底に「真実の自己」と呼ばれるものを持っている。これは次の特徴を持つ。

純白に光り輝くエネルギー
純粋な生命エネルギー
命の輝きにあふれている
創造力と好奇心に満ちあふれている
喜びいっぱい
あふれんばかりのエネルギーを持つ
大いなる可能性を持ち、期待感でワクワクしている
小さいが、「大いなるすべて」と本質は同じで、同じ生命エネルギーからできている

「真実の自己」はあたかも厚い障壁に覆われているかのような状態にあり、我々はそれにつながることができていない（つまり目覚めていない）。

障壁とは、自分を制限するような信念や思い込み、怖れといったものである。

これらは、自分が胎内に宿り、この世に生まれ、成長して大人になるまでの間に身に付けたものや、あるいは、他の生（過去世）から持ち越してきたものもある。

より具体的に言えば、家庭や学校、社会から教え込まれた価値観、物の見方の場合もある。あるいは、今生や別の生での体験や心の傷が元になって身についた信念やそれが原因となっている怖れという場合もある。


地球外生命体のバシャールは、我々の意識の発展段階を示す指標として、『バシャール×坂本政道』（VOICE）の中で、振動数という値を使うことを提言している。

物質的世界の振動数は6万から33万3千回／秒までで、33万3千以上は非物質世界である。

物質世界はいくつかに分かれる。6万から15万までが第3密度、15万から18万が移行領域、18万から25万が第4密度、25万から33万3千までが移行領域である。

バシャールによれば、平均的な人の振動数は7万6千〜8万回／秒である。つまり、我々は第3密度の低いところにいる。また、覚醒するとは振動数が18万回／秒になることだという。

つまり、第4密度の一番低いレベルに達することである。

覚醒するにはどうするか、それは「真実の自己」とのつながりを阻むものを取り除けばいい。つまり、自分を制限する信念や思い込み、怖れから自由になればいいのである。

その方法は大きく分けて二つに分類できる。
（A）潜在意識にアクセスできる状態で、自分を制限する信念や怖れを調べ、さらにその原因となったことがらを調べ、それに気づき、対策を施す（救出する、癒すなど）。その結果、原因が消える。
（B）潜在意識に光（生命エネルギー）を注入し、隠れている信念や怖れを表面化させる（顕在意識に上らせる、あるいは、物質界で形をとって現れるようにする）。それに気づき、対策を施す（癒すあるいは手放す）。
具体的にどうやるのかは、古今東西、数限りない方法が実践されてきている。仏教やヨガなどが教えるさまざまな行法も目的とすることは同じだと思う。

この方法でなければだめだとか、これが唯一絶対の道だとか、そういうものではない。自分に合っていると思える方法を選ぶのが一番いい。

私はヘミシンクという方法が気に入ったのでそれを中心にやってきている。

ここでヘミシンクとはロバート・モンロー（1915―1995）の開発した音響技術で、ステレオ・ヘッドフォンを通して聴く音である。左右の耳に若干異なる周波数の音を聴くことで、その周波数の差に応じた脳波が自然に導かれるという方法を使う。それにより深い意識状態を体験できる。

モンロー研究所の宿泊型ヘミシンク体験プログラムは、ゲートウェイ・ヴォエッジという入門のためのものに始まり、ライフライン、エクスプロレーション27、スターラインズ、スターラインズⅡという具合に、段階を踏んで深い意識を体験できるように作られている。これ以外にもいくつものプログラムがある。

私はこういったプログラムに2001年以来、年3回のペースで参加してきた。今から思うに、ここまでやってきたことすべては、この要因（自分を制限する信念や怖れ）をひとつずつ取り除くという作業だったと思う。

それは、さまざまな囚われから自由になっていく道でもあった。

それはまた、時間、空間を超えて、より広範囲に存在する自分を思い出す過程でもあった。

まだ道半ばではあるが、ここまでの歩みをお話しする。ここでは時系列にお話しするのではなく、以下のテーマごとに整理した形にする。

1　深い意識状態を体験する
2　ガイドの存在に気づく
3　死の怖れから自由になる
4　幼少期の傷を癒す
5　囚われている過去世を救出する
6　多くの過去世を知る
7　地球外の天体での過去世を知る
8　すべての自分たちの集団（I／There）を知る

（各テーマごとの内容のまとめは省略する）

今、多くの人が深い眠りから覚醒へ向けて歩み出している。私がヘミシンクを通して体験してきたことが、そういう人たちの参考になればと思う。

＊　＊　＊

第1章　バシャールとの出会いがすべてを変えた

ダークサイドの宇宙人という言葉を聞いたことがあるだろうか。簡単に言えば、邪悪な宇宙人のことである。私はそういうものが実際にいるとはまったく思ってもいなかった。それは映画の中だけの話だと思っていた。

そういう存在に気づいたのは2008年になってからだ。

私は2003年に初めてモンロー研究所のスターラインズというヘミシンク体験プログラムに参加して以来、スターラインズに惚れ込んでしまった。

このプログラムでは深い意識状態に入ることでさまざまな星や銀河を訪れ、そこの住人たちと交流する。あるいは、古くから神的な存在と崇められているような生命存在たちと会い、情報をもらう。

私はスターラインズに年1回のペースで参加し、得た情報を本に著してきた。

その当時（2003年から2008年ごろ）、2012年末に古代マヤ暦が終わるということに関連して、地球と人類に一大変化が訪れるということが盛んに言われていた。いわゆるアセンションである。

モンローも「多くの生命体が地球のまわりに集まってこれから起こる一大イベントを見守っている」ということを本に書いていた。

そういうこともあって、私は高次の生命体や他の星の住人たち、あるいは地球のまわりに集結している生命体（いわゆる宇宙人）たちから、アセンションに関する情報を聴き出していた。

そのころの私は、こういうふうに出会った生命体たちはみな善意の持ち主だと思っていた。特に宇宙船で宇宙空間を自在に移動できるような高度に発達した文明を持つ生命体たちに邪悪なものがいるとは夢にも思っていなかった。

ところが、２００８年の11月に米国のロサンジェルス郊外でバシャールのチャネラーであるダリル・アンカに会い、バシャールのチャネリング・セッションを持ったことが大きな転機になった。バシャールとは地球外生命体で、ダリル・アンカの未来世だという。ダリル・アンカを通してメッセージを伝えてくる。このときにチャネルされた情報は『バシャール×坂本政道』（VOICE）に載っている。

バシャールとの対談で私が一番得たものは、実は、バシャールに対する信頼だった。バシャールの言うことは信用できると心底思ったのだ。

バシャールは、私の目の前に座っているダリル・アンカを通して話をしたのだが、本当にそこにいて話をしている感覚があった。

しかも初日の午前2時間、午後2時間、2日目に午後2時間、3日目に午後2時間と合計8時間もいっしょにいた。その間、ジョークを言い合ったりして、なにかとても親しくなった。最後にはいっしょに酒でも飲み交わしたい感じだった。

つまり、それだけ親密な関係になったのだ。バシャールの人格に魅了されたと言っていいかもしれない。我々に対する深い愛情と理解、それからバシャールの持つなんとも言えない愛嬌？に魅せられてしまった。

ただ、セッション中にバシャールから邪悪な宇宙人について直接指摘されたわけではなかった。『覚醒への旅路』の181ページで紹介したが、バシャールから教わったのは、「人類の起源」であり、そこではネガティブな宇宙人の話は出てこなかった。別次元に住むアヌンナキと呼ばれる異星人がこの宇宙にやってきて、こと座にある星やオリオン座のリゲル、さらにはミンタカに植民し、さらにプレアデス星団へ植民し、さらに地球へやってきて人類を創ったという経緯のみである。

ただ、帰国後に読んだ何冊かのバシャールの本の中のひとつに、宇宙人にはポジティブな波動を持つものとネガティブな波動を持つものがいると書かれていたのだ。

バシャールによれば、ポジティブとネガティブの違いは、その考え方、見方の違いによる。

肯定的か否定的か、あるいは楽観的か悲観的かの違いである。

ポジティブは喜びを基にした考え方をし、ネガティブは恐れを基にした考え方をする。

たとえば、金がないと生きられないから、一生懸命働く。こういう発想は恐れが基にあるから、ネガティブな発想である。生きられないという恐れ、強迫観念が根っこにある発想なのだ。

これに対して、働くことが喜びだから働くというのは、喜びを基にしているので、ポジティブな発想である。

エネルギー的には、ポジティブは集積するエネルギーであり、ネガティブは離散するエネルギーである。

ポジティブは川の流れに沿って泳ぐようなもの。それに対してネガティブは流れに逆らって泳ぐようなもの。前者は何ごとも楽に行なえ、後者は困難が伴う。

ただし、単純にポジティブが善で、ネガティブが悪ではない。正しいとか間違っているとかではない。

だからネガティブ波動を持つ宇宙人が必ずしも悪ではない。このことをバシャールは強調する。彼らには抑圧や弾圧といった形の経験をした魂が多い。特にこと座の一部とオリオン座のグループはネガティブな体験を何度もしてきている。

バシャールの本にこのようなことが書かれていた。

それまでの私なら、本当かな?と疑問に思って読み流していたに違いない。実際のところ、これに類する情報には以前から接していたかもしれないが、頭に残っていなかったと思う。ただバシャールのセッションを直に受けて、バシャールは信頼できると確信するようになっていたので、読み流すわけにはいかなかった。

宇宙人にネガティブなものがいるという情報は、個人的にはショックだった。実の親から出生の秘密を今になって打ち明けられたようなものだ。

このことがきっかけとなり、ネガティブな宇宙人とは実際どういうものなのかもっと調べることにした。残念ながらバシャールの本にはネガティブな宇宙人についてこれ以上詳しい話は載っていなかった(私の調べた範囲内のことではあるが)。バシャールはあえて避けているような感じがした。

そこで情報が載っていそうな本をいくつか読んだ。

その中で、『ラー文書』(ナチュラルスピリット)と、『プリズム・オブ・リラ』(星雲社)、『テオドールから地球へ』(たま出版)にはネガティブな宇宙人について詳しく書かれていた。ここでは、『ラー文書』と『プリズム・オブ・リラ』について概説したい。

ラー文書

『ラー文書』は「ラー」と名乗る生命体をチャネルした本で、原著は１９８４年に出版されている。なぜか２００８年になって邦訳が初めて出た。

この本の内容は圧巻だった。書かれていることの真偽は判断する材料がないが、ネガティブな生命体たちについて十分な情報が載っていた。

まず「ラー」とは、集合意識であり、古来より人類に「一なるものの法則」を伝えようと尽力してきたという。古代エジプトや南米で人類と交信していて、古代エジプトでラーという名で知られていた。

ここで、「一なるものの法則」とは、「すべてはひとつであり、両極性は存在しない。よって善悪も不調和も存在しない。そこには独自性のみが存在する。すべてはひとつであり、そのひとつとは愛／光であり、光／愛であり、『無限なる創造主』なのである」

この本はネガティブな存在についてのみならず、それ以外の貴重な情報が満載されている。以下に、その中で特に本書に関係する部分のみを載せてみる。

ネガティブな存在たちには主としてオリオン・グループがいること、ネガティブな存在たちは「自己への奉仕」に生き、それに対してポジティブな存在たちは「他者への奉仕」に生きる。共に愛に生きていることに変わりがない。自己愛か、他人に対する愛かの違いだ。

「自己への奉仕」をする者でも「他者への奉仕」をする者でも、その者の発展段階（密度）における光／愛を理解し楽しく味わうことができれば次の段階（密度）へ進むことができる。「一なるものの法則」の視点では、「自己への奉仕」をする者も「他者への奉仕」をする者もまったく同じに見なされる。

オリオン・グループを構成する集団の意識レベルは、第3密度はごくわずかで、第4密度と第5密度が多く、第6密度がごく少数いる。

地球人類は、ポジティブな生命体たちによる惑星連合によって外界からの隔離期間にあるが、ときどきオリオン・グループの宇宙船が着陸したり、あるいはオリオン・グループからテレパシーにより特定の個人に情報が伝達されたりする。

オリオン・グループの目的は地球征服である。特定の個人や集団にエリート意識を植え付け、その他を隷属させるのである。

歴史上にもこのグループに影響された例が多々ある。

たとえば、「十戒」。メッセージを受け取った人そのものは極めてポジティブ志向であったが、自分の一族からもっと具体的なものが示せないのかとプレッシャーをかけられ、オリオン・グループからの情報を受け取ってしまった。この情報はポジティブに似せて巧みに作られたものだった。ポジティブ・グループからのメッセージであれば、「汝、するなかれ」という否定的な表現が使われることはないはずだと「ラー」は言う。

プリズム・オブ・リラ

『プリズム・オブ・リラ』は、銀河系宇宙一族の起源について、著者の長年の洞察、推理、さらにはチャネリング情報を集大成したものである。チャネリング情報については、共著者で自らチェネラーであるリサ・ロイヤルがチャネルした情報を基にしているが、その他多くのチャネラーからの情報も参考にしているという。

ということで、この本には著者らの推論が多分に含まれているという点は注意を要する。

この本には、銀河系宇宙一族（人間型生命体）がいかに誕生したかが事細かに述べられている。

それによると、「大いなるすべて」の一部が、こと座（リラ）のプリズムを通過したことで、意識は7つの周波数帯、次元に分裂した。その分裂した状態から再び統合に至ることが、一連の経験だと「大いなるすべて」は理解する。

こと座のプリズムを通過したことで誕生した意識の集団は、まずこと座のいくつかの星で人間型生命体として発展していく。

その過程で、ポジティブ志向の集団とネガティブ志向の集団への分裂が起こった。特にこと座のヴェガではネガティブな傾向が強まり、他のポジティブな星との間で葛藤が生まれた。

このポジティブとネガティブの統合を目指して3番目の文明がこと座で生まれた。それは三角形の頂点を意味する「エイペックス」と呼ばれた。

ところが、エイペックスでは両極の統合には向かわず、逆に力による衝突が起きた。最終的に核戦争のため、地下に避難していた人以外の大多数は死滅した。さらにこの星自体が空間から消滅し、次元を移動し、地球から見てレチクル座ゼータの付近に出現した。そのため、生き残った人たちの子孫はゼータ・レチクル人と呼ばれる。

こと座の星々からはいくつもの集団が内紛を避けるために、他の数多くの星へ入植していった。

次に、シリウスには非物質的な状態に留まることを選択した意識たちの多くが集まった。また、ヴェガからネガティブ志向の人たちが、こと座の他の星からはポジティブ志向の人たちが入植した。両者の間には大きな確執が生まれ、長い戦いの歴史が始まった。

この相克を緩和し、両極のあらたな統合を目指す場としてオリオン座が選ばれた。ただ結果的には単に場所を変えて戦いは続いた。

オリオンではネガティブ志向の集団は自己中心主義に凝り固まっていた。オリオンにおける支配の様相は地球人が未だ経験したことのない徹底的なものだった。アストラル体のコントロール法を知っていたので、死さえも魂を自由にしてくれなかった。

オリオン人は恐怖心に極端に侵された種族で、自分たちと異質な存在とことごとく敵対した。「地球上に残る剣や魔術についての伝説は、実は私たちの細胞のエーテルのレベルにある、オリオンの暗黒時代の微かな記憶に由来している」。それはまさに「暗黒時代」だった。

一方、オリオンにおけるポジティブ志向の集団は「他者への奉仕」に終始し、自己を犠牲にしてでも他者に仕えることが存続のための唯一の道だと信じていた。

やがて「ブラック・リーグ」と呼ばれる地下組織が生まれ、オリオン帝国に抵抗するようになった。ただ、彼らの闘争は火に油を注ぐ結果になった。

中にはオリオンを脱して地球へ逃げる者もいた。また、それを追って帝国側の者も地球へやってきた。その結果、地球で葛藤のドラマが再演されることになった。

この本にはさらにプレアデス人やゼータ・レチクル人について詳述されているが、ここでは割愛する。

オリオン帝国についての補足

以上がこの二つの本について簡単にまとめたものである。興味のある方はぜひ読まれることをお勧めする。

ここで、オリオン帝国について少し補足したい。

ナチスドイツやスターリン時代のソ連、今の北朝鮮がオリオン帝国のイメージに近いと思う。

ただし、規模がはるかに大きく、惑星全体やいくつもの惑星を合わせた領域がひとつの帝国の支配下にあった。また、その支配した時間も数十年ではなく、はるかに長い時間である。

一党独裁（独裁者と一部のエリートによる支配）、軍国主義、言論統制、恐怖政治がその特徴である。死んだ後まで人を支配するということができたという点で、人類が経験したことのないレベルでの支配が続いた。

星座についての補足

ここでこと座とかオリオン座、ヴェガ、シリウス、プレアデス星団という言葉が出てきたので、少し補足したい。

まず、こと座やオリオン座というのは星座である。空全体を88の区域に分けたものを星座という。均一に分けたのではなく、星座によって大きいものも小さいものもある。

それに対して、ヴェガやシリウスは単独の星である。太陽と同じような天体で、単に遥か遠くにあるだけだ。ヴェガはこと座に属し、シリウスはおおいぬ座に属している。それぞれの星座で一番明るい星なのでこと座のアルファ、おおいぬ座のアルファとも呼ばれる。

プレアデス星団は星の集まりで、狭い領域に多数の星が集まっている。おうし座に属する。

実際のところ、人が住んだのは星のまわりを回る惑星であって星ではない。たとえばヴェガそのものではなく、その惑星である。

ここで注意を要するのは、同じ星座の星だからと言って、地球から見てたまたまその方向に見えるというだけで、互いに関連があるわけではないということだ。プレアデス星団のように空間的な集団を作っているわけではない。この辺がよく誤解される。

たとえば、同じオリオン座の星と言っても、リゲルは地球から860光年の距離にある。ベテルギウスは640光年、ベラトリックス250光年、サイフ650光年、三ツ星は左からアルニタク740光年、アルニナム2000光年、ミンタカ690光年。互いに空間的にかなり離れた位置にある。

こう見てくるとオリオン人という呼び方はナンセンスなように思える。たとえて言えば、東京から見て南西に位置する横浜、名古屋、大阪、福岡、上海、ニューデリーに住む人をひとまとめにして南西人と呼ぶようなものだ。

ただし、バシャールによれば、オリオン座で入植した星はリゲルとミンタカの二つということだ。この二つであれば互いに170光年ほどの比較的近い距離にあるので、両者に入植した人たちをまとめてオリオン人と呼ぶのは問題ないと思われる。もちろんオリオンというのはあくまでも地球での呼称になる（オリオンの語源がオリオン人によってもたらされていない限り）。

『プリズム・オブ・リラ』では、人間型生命体が最初に発展したのは、こと座のいくつかの星と書かれていて、具体的な名前が出てない（たとえば、デルタとか）。バシャールも具体名に言及していない。これは、そういう名前がつかないほど暗い星ということだと推測される。

実際、名前がつく星の方が少数派でほとんどの星は名前がない。我々の太陽も近いから明るいが、ヴェガの距離まで離れれば4等星ほどの目立たない星になる。

ネット上の百科事典であるウィキペディアに「こと座の恒星の一覧」というページがある。ここには6等星ほどまでの明るさの星が載っている。

これを見ると、目で見えるほとんどの星は１０００光年までの距離にあり、まれにそれを越えていくつかの星が１５００光年までの距離にある。この中のどの星に最初に入植したのか定かではない。大ざっぱな言い方をすれば、こと座の方向で地球から１５００光年ほどまでにあるいくつかの星と言える。

こと座は夏の夜に見えるのに対し、オリオン座とシリウスは冬の夜に見える。これはこと座に対してオリオン座とシリウスが地球から見てほぼ反対方向にあるということを意味している。

つまり、最初にこと座の方向にあるいくつかの星に入植した後、同じこと座ではあるが地球から25光年しか離れていないヴェガに入植。次に、地球を通り越して、反対方向に8光年の距離にあるシリウスに入植し、さらに８００光年も先にあるリゲルとミンタカに入植したということになる。

これは日本国内の話に翻訳するとわかりやすい。自分は東京駅にいるとする。

まず福岡と大阪に入植したあと、川崎に入植し、東京駅を飛び越して、上野に入植、さらに青森と札幌に入植した。こんな感じだ。

『プリズム・オブ・リラ』で紹介されている人類型生命体の発展史というのは、地球から遠く離れた領域での話ではなく、地球を含んだごく近傍での話なのである。地球はそのまっただ中に位置していると言って過言ではない。

第2章　高次の自分を知る

このように地球外生命体にはネガティブ志向の者が少なからずいるということが明らかになってきた。中には、征服とか支配ということを是とするかなり邪悪な存在もいることがわかった。

私は2003年以降、スターラインズに参加することで、さまざまな生命体とコンタクトし情報を得てきた。

問題はそういう生命体の中に、邪悪な生命体かいなかったかどうかだ。あるいは何らかの影響を受けていなかったかどうか。こちらはそういう考えがなかったので、気がつかなかったが。ということで、ダリル・アンカと会った2008年11月までの体験録をそういう観点から読み返してみた。すると、いくつか気になる体験が見つかった。ダークサイドと思われる宇宙人に何度か会っていたのだ。

その話に入りたいのだが、それを理解してもらうためには、まず深い意識状態で体験することがらについて少しお話しする必要がある。それは自分の知覚がどんどん広がり、時間と空間を超え、個体としての自分を遥かに超えて広がっていく状態で気づくことがらである。

I／Thereを知る

深い意識状態を体験し知覚が広がってくると、時間を超え、空間を超えて存在するたくさんの自分たち、自分の分身とでも呼べる者たちを知るようになる。

彼らはさまざまな国、地域に住んでいた自分たち（いわゆる過去世）や、今、生きている自分たち（いわゆる現世、一人とは限らない）である。

さらには地球を超えて、地球外の多くの星に存在する自分たちをも知るようになる。

そういったすべての自分たちの集団をロバート・モンローはI／There（アイゼア）と呼んだ。略してITと言うこともある。

I／Thereは、自分という存在が、何か大きな存在から分かれて生み出されてからこの方、体験したすべての自分のことである。

それは人間に限らない。さまざまな生命体を含んでいる。地球上だけでなく、地球外の星（具体的にはそのまわりをまわる惑星）での生命体験もある。たとえば、ケンタウルス座アルファ、シリウス、デネブ、プレアデス星団、オリオン座リゲル、ミンタカ、こと座の星々。それ以外にも名もない暗い星にいくつも生命系があり、そういう星での生命体験もある。

Ｉ／Ｔｈｅｒｅとは、自分がこれまでに体験した、そういう数限りない生命の集合、総体のことである。

モンローは意識のレベルを表す指標としてフォーカス・レベルという番号を導入した。意識が物質世界に集中している状態をフォーカス１とし、そこから離れていくに従って、番号が大きくなっていく。

この世とあの世の境目がフォーカス21。そこを越えて行くと死後世界に入る。肉体を失った人がとる意識状態はフォーカス23から27まで。つまり、死後世界はフォーカス23から27までである。27まで達すると次の生へと移行してゆく。

Ｉ／Ｔｈｅｒｅはフォーカス34／35にある。ここは地球生命系への出入り口のあるレベルでもある。

地球外の生命体はここを通って地球生命系へ入る。

Ｉ／Ｔｈｅｒｅを視覚的にどうとらえるかは人によって異なる。私の場合、スタジアムとか劇場という形で知覚することが多い。つまりすり鉢状である。観客席に当たるところに大勢の存在がいるのだが、その一人ひとり（一体一体）が、さまざまな自分に相当する。

何人の自分がI／Ｔｈｅｒｅに存在するのか、定かではない。スタジアムの観客席を見た印象では数万人という規模のように思える。

フォーカス34／35は、時間を超えた状態なので、この視点では、I／Ｔｈｅｒｅの一人ひとりの体験をリアルタイムで追体験できる。また、すべての生命体験が同時に並列に起こっているようにも感じられる。だから、過去世という言い方は物質次元での視点に過ぎないと感じられる。

I／Ｔｈｅｒｅクラスターを知る

モンローはさらに上のフォーカス・レベル（具体的にはフォーカス42）では、多くの人のI／Ｔｈｅｒｅがつながってひとつの集団を形作っていることに気がついた。互いに関連する人たちのI／Ｔｈｅｒｅがつながっているのだ。

モンローはそれをI／Ｔｈｅｒｅクラスターと呼んだ(以下、略してITクラスターと呼ぶ)。クラスターとは塊、群れという意味である。

ITクラスターはI／Ｔｈｅｒｅ同様、時空を超えた存在であり、フォーカス42では、ITクラスターのメンバーがしていることを時間と空間を超えて体験できる。

I／Ｔｈｅｒｅが太陽系を超えていくつもの星にメンバーがいるように、ITクラスターのメンバーはさらに広い領域に広がっている。

私の場合、ＩＴクラスターはＩＴ同様スタジアムに見えることがある。観客席に多くの球とか風船のような物が並んでいて、それぞれがＩＴを象徴しているのだ。

スタジアムが真っ暗な宇宙空間に浮かんでいるのを見たことが何度かある。

これを見たのは、オリオン大星雲とかプレアデス星団を含む太陽近傍のエリアを探索中のことだった。オリオン大星雲は地球から１３００光年、プレアデス星団は４４０光年の距離にある。

このあたりにＩＴクラスターがあったということは、ＩＴクラスターのメンバーは概ね地球から１５００光年程度の範囲内にあるさまざまな星で生命体験をしているということになるだろうか。

ところで、このとき見たＩＴクラスターの形で興味深かったのは、スタジアムの下はロート状になっていて、一本の管が下に伸びていることだ。

どうもフォーカス・レベル的には、上下逆さまに見ているようで、この管はフォーカス49に伸びているらしい。そこにあるさらに大きな構造体につながっているようだ。

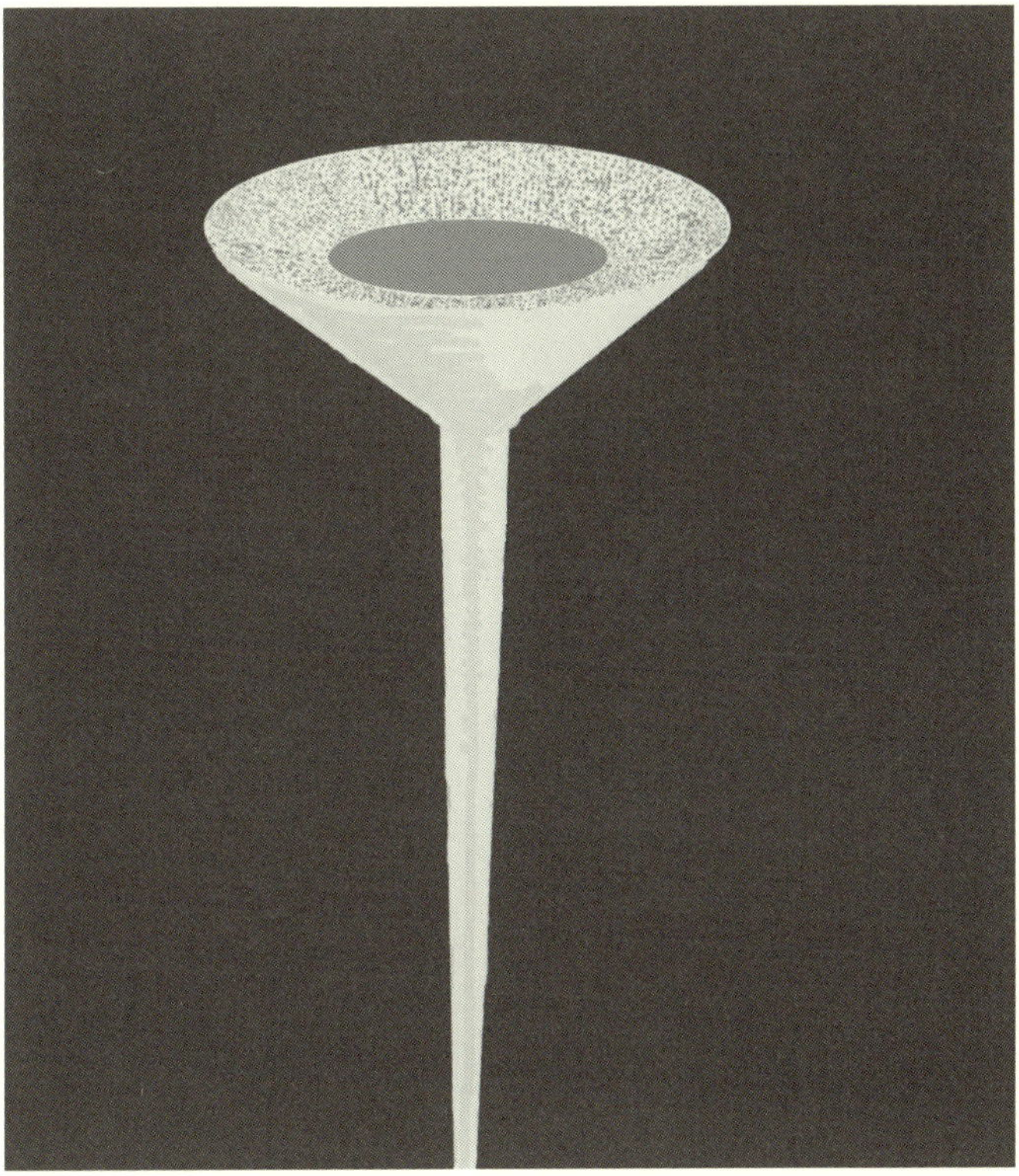

ＩＴクラスター。スタジアムの下から管が伸びている形をしていた。

ＩＴスーパークラスターを知る

フォーカス42からさらに上の意識レベルであるフォーカス49へ来ると、より広い領域にいる自分たちを知覚するようになる。具体的には我々の銀河系内や、銀河系の外にある多数の銀河にいる自分たちである。

銀河系は数千億個の星の集まりで、直径が10万光年ほどある。その中には数多くの生命系がある。

銀河系の外には無数の銀河が広大な宇宙空間に存在している。比較的近い銀河としては、２５０万光年の距離にアンドロメダ銀河がある。この銀河は直径が銀河系の倍以上ある。

近いと言っても光の速度で２５０万年かかる。

銀河系とアンドロメダ銀河は、さんかく座M33などその他の50個ほどの銀河と共に「局部銀河群」を作っている。

宇宙にはこのような銀河の集まりである銀河群や、より多くの（数百から数千個の）銀河が集まった銀河団が数限りなくある。

銀河系の属する局部銀河群は、おとめ座銀河団などと共に「おとめ座超銀河団」を形作っている。その範囲は２億光年に及んでいる。

実はこのような超銀河団は数多く存在しているのだ。宇宙がいかに広大かということだ。

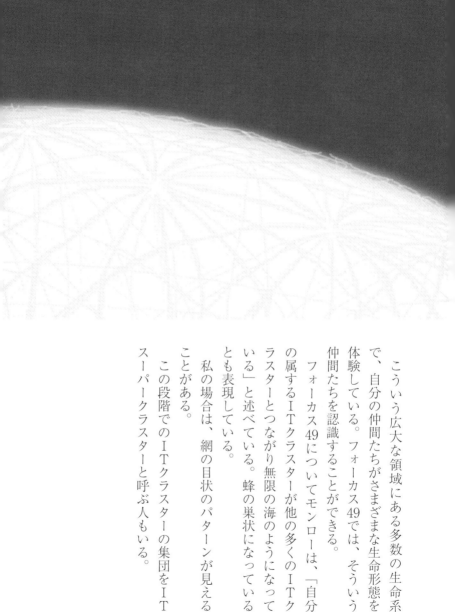

こういう広大な領域にある多数の生命系で、自分の仲間たちがさまざまな生命形態を体験している。フォーカス49では、そういう仲間たちを認識することができる。

フォーカス49についてモンローは、「自分の属するＩＴクラスターが他の多くのＩＴクラスターとつながり無限の海のようになっている」と述べている。蜂の巣状になっているとも表現している。

私の場合は、網の目状のパターンが見えることがある。

この段階でのＩＴクラスターの集団をＩＴスーパークラスターと呼ぶ人もいる。

ＩＴやＩＴクラスター同様にフォーカス49でスタジアムが見えることもある。その観客席には青黒い球がびっしりと並んでいる。それぞれがＩＴクラスターなのだ。

あるとき気がついたのだが、どうも同じものを網の目状と見たり、球が並んでいると見たりするようだ。網の線で囲まれた領域に注目すると、それが球状に見える。

ロールシャハ・テストという心理テストで使う左右対称の絵がある。その中にふたりの人の顔が向き合っている絵があるが、この絵は見方を変えると花瓶のように見える。

これと同じ現象が起こっているようだ。

クラスター・カウンシル

フォーカス49では、自分の属するＩＴクラスターが、関連する多くのＩＴクラスターとつながり、無限の海のように広がっている。前にも言ったが、これをＩＴスーパークラスターと呼ぶ人もいる。

この全体を代表する生命存在たちが10数名いる。その集まりをモンロー研では「クラスター・カウンシル」と呼ぶ。カウンシルとは評議会という意味である。銀河団評議会といったところだ。

ちなみに映画『スター・ウォーズ』にはジェダイ・カウンシルというのが登場するが、日本語訳はジェダイ評議会となっている。

クラスター・カウンシルを構成する10数名の存在たちは、生命体というふうにとらえることもできるが、本質はそれぞれが抽象的な概念や機能を象徴するエネルギーである。

具体的には、真理、知恵、正義・法、秩序、均衡、数学、音楽、慈悲・愛、美、豊穣、創造性、男性性、女性性、両極性など。機能としては、書記、時の管理、計量、浄化。こういった抽象概念を表すエネルギー存在である。

ただ、それでは人間にはわかりにくいので、特定の姿形をとることもある。その場合、ひとつの存在がいくつかの抽象概念を合わせ持つことも多い。

彼らの多くは古くから世界各地で神的な存在として知覚されてきている。ただ、抽象概念の組み合わせが地域で、あるいは時代によって異なることが多い。

これまでにクラスター・カウンシルのメンバーとして私が知覚したのは次の存在たちである。

トート神。古代エジプト神である。知恵の神だが、書記の守護神、時の管理人という面もある。創造、具現化、意思の力を象徴する。

古代ローマの月の女神**ディアナ**。慈悲の象徴である観音菩薩でもある。この女神的な存在は多くの地で崇拝の対象となってきた。古代エジプトの女神イシス、インドの芸術と水と豊穣の女神サラスヴァティ、ゾロアスター教の水と浄化の女神アナーヒター（別名ハラフワティー）。古代に日本の各地で祀られていた水と浄化の女神である瀬織津姫（せおりつひめ）もこの存在である。

古代ローマの女神**ヴィーナス**。愛と美、性を象徴する。金星を表すこともある。古代ギリシャのアプロディテ、古代メソポタミアの女神イシュタル、シュメールのイナンナも同じ存在である。

大天使**ミカエル**。ユダヤ、キリスト、イスラム教における大天使。知性、理性、男性性を象徴する。

古代エジプトの神**アヌビス**。冥界の王。フォーカス27を管理する存在のひとり。

エロティカ。生命エネルギーを象徴する。男性性と女性性の統合。

弥勒、マイトレーヤ。知性と慈愛を象徴する。

両極性を象徴する存在。人類には知られていない存在。そのため名前がない。相対する概念の統合を象徴する。私は勝手にインヤン（陰陽）ちゃんと名づけている。

中国で天帝と呼ばれた存在。天体の運行、すべての事象の起こるタイミングを管理する。

アンドロメダ（仮名）。人類には知られていない存在。そのため名前がない。アンドロメダ銀河でのＩＴスーパークラスターのメンバーを統括する。

ネフィリム。戦いの神。巨人。ダークサイドの宇宙人をポジティブ側へ向かわせる。戦いといっても後で見るように、ターゲットに愛のエネルギーを照射する。

この中で私が頻繁につながるのはトートとディアナである。彼らはフォーカス49の存在だが、彼らのフォーカス42バージョンとでも呼べる存在がいる。

フォーカス49の存在が抽象的な概念という意味合いが強いのに対し、フォーカス42バージョンはもう少し具体性を持った存在である。

たとえば、ディアナはフォーカス49では慈悲とか愛というエネルギーそのものという感じを受けることが多いのに対し、フォーカス42ではもっと特定の女神や天女としての姿をまとっているかのような印象を受ける。親しみを感じるというか、我々人間が認識しやすいという感じである。

コラム：スターラインズ・プログラム

モンロー研究所の開催する宿泊型ヘミシンク・セミナーにはいくつもの種類がある。本書ではその中のスターラインズでの体験を随所で紹介している。

そのため、ここではスターラインズについて簡単に説明したい。

スターラインズではフォーカス34／35、42、49、49以上という高いレベルを体験することができる。特にそういうレベルで地球外のいくつもの生命系を訪れて、それぞれに住む生命体とコンタクトを試みる。

高いフォーカスになるほど、より広範囲にいる自分たちにつながるようになるので、自分が出会う生命体は自分のＩＴクラスターやＩＴスーパークラスターのメンバーであることが多い。

必然的に遠くの星や銀河を訪れることになる。遠方への移動を手助けする宇宙船が用意されている。

フォーカス34／35では、ヴォイジャー8号と呼ばれる宇宙船を使う。これに乗って太陽系内の惑星を訪れる。ヴォイジャー8号には個人用の小型の探査機（ＰＯＤという）もあり、それに乗って探索してもいい。

フォーカス42にはヴォイジャー8号内の動力室にある結晶を高速でスピンさせて、振動数を上昇させていく。42に着くと、ヴォイジャー8号は宇宙ステーション・アルファ・スクエアード（SSAS）にドッキングする。

SSAS内にはいろいろな施設があるが、自分の個人用のパーソナル・スイートもある。その中にはメモリールームと呼ばれる部屋があり、さまざまな記憶を呼び覚ますことができる。

フォーカス42での探索にはヴォイジャー8号を使ってもいいし、PODを使ってもいい。これに乗って、興味のある星や天体を訪れる。ケンタウルス座アルファ、シリウス、アークトゥルス、プレアデス星団、オリオン座の星々、その他、太陽系近傍の星々などである。

フォーカス49へはSSAS全体の振動数を上昇させていく。フォーカス49に着くと、SSASはSSAXにバージョン・アップする。

フォーカス49では、銀河系の中心部（コア）や銀河系外の銀河（たとえばアンドロメダ銀河やおとめ座銀河団内の銀河）を訪れて、そこに住むITスーパークラスターのメンバーに会うことができる。またクラスター・カウンシルに会い、質問し、答えをもらう機会がある。

さらに銀河系コアにあるスターゲートを超えていくことで、フォーカス49よりも高いフォーカス・レベルを体験することができる。

ＩＴクラスターとしての自分を体感する

フォーカス42ではＩＴクラスター全体としての自分、フォーカス49ではＩＴスーパークラスター全体としての自分を感じることができる。

そういう自分を体験したときの感覚では、たとえば、ＩＴクラスターというのはひとつの大きな生体で、巨大な神経ネットワークのような印象を受けた。その末端にこの物質世界の自分がいる。

巨大神経系の中心に当たる部分がディアナだったり、トートだったりする。

この巨大生命体はエネルギー体としての体を持っている。我々が肉体を持っているのと同じ意味で、全体は巨大なエネルギー体なのだ。

物質世界に住むこの私の肉体は、その生命体の物質レベルでの体である。我々には３次元しか把握できないから、個別の肉体しか把握されない。それぞれが別々の個体として存在しているように感じられる。

ところが、４次元、５次元、６次元まで把握できれば、巨大なエネルギー体のより大きな一部として把握できるのではないだろうか。

つまり、ＩＴクラスターというのは一つの生命体であり、それがエネルギーの体を持っている。それは６次元とかのレベルまで把握できれば一つの体として把握できるが、３次元レベルでは個別の肉体として把握される。どの次元まで、つまりどのフォーカス・レベルまで知覚できるかで、その姿が異なるのだ。

フォーカス49では、さらに大きなＩＴスーパークラスターが一つの生命体として把握できる。ＩＴスーパークラスターとしての自分を感じたときの感覚では、自分は巨大なタコのような生命体で、銀河系全体にへばりついている。触手があちこちに伸びていて、それぞれの領域で体験しているのだ。触手の何本かはアンドロメダやほかの銀河にも伸びている。この大きな生命体が自分だ。

大きな自分VS小さな自分

このようにＩＴクラスター、ＩＴスーパークラスターとしての自分というものがある。自分とは通常考えているよりもはるかに大きな存在なのだ。

ただ、普段はこの坂本政道という個人の視点を通してすべてを体験している。その特有の価値観でものごとを見ている。

だから、たとえば、反日的な行動をとる韓国や中国に対して腹を立てたりする。

でも、もしかすると自分のＩＴクラスターやＩＴスーパークラスターのメンバーの中には韓国人や中国人もいるかもしれない。そういう自分はその視点で日本に対して腹を立てているかもしれない。

他にもこの自分とはまったく異なる価値観をもった人たちも大勢いるはずだ。彼らは彼らなりの視点で世の中を見て、ああだこうだ意見を述べているに違いない。

こういったすべての人たちが大きな意味で自分なんだと思う。異なるバージョンの自分たちだ。

そう思うと、価値観や考え方が異なるからといって、けんかをしたり、戦争をしたりすることは愚かなことだと思える。自分どおしで争っているようなものだ。右手が左手とけんかしていたら、笑ってしまうだろう。それと同じだ。

こういうふうに見るのは大きい自分としての視点である。

世界には多種多様の価値観、考え方、生き方がある。そういう自分と異なるものとに対して、以前に比べて少し寛容になった気がする。それは、この大きい自分の視点を思い出すことがあるからだ。


こういう視点がある反面、ＩＴクラスターがわざわざこの小さな自分を生み出し、その視点で世界を見、体験させていることを考えると、この狭い価値観をもって生きていることには、それなりの意義があるのだとも思う。

そうでなければ、わざわざ知覚を狭めてこの自分を体験する必要もなかったはずだ。それぞれの人が、それぞれの見方でこの世界を見、体験することこそ、ＩＴやＩＴクラスター、スーパークラスターが望んでいることなのではないだろうか。

みなが同じ視点ではその体験もバラエティに乏しいものになってしまう。まったく異なるいくつもの視点で体験するからこそ、その体験も色とりどりの鮮やかな絵巻を描くのではないだろうか。

そういう意味で、この自分のもつユニークな視点を通しての体験にも大きな価値があるように思う。だから、この自分を生きている限り、自分の視点での体験を思いっきり楽しもうと思う。

スターゲートを超えていく

スターラインズではスターゲートを超えてさらに高いフォーカス・レベルへと行く機会がある。

スターゲートとはこの宇宙へのポータル（出入口）であり、そこを通ってすべての源へと向かう通路がある。この通路には、「源」へ戻るエネルギーの流れと、「源」から流れ出してくる流れとがある。

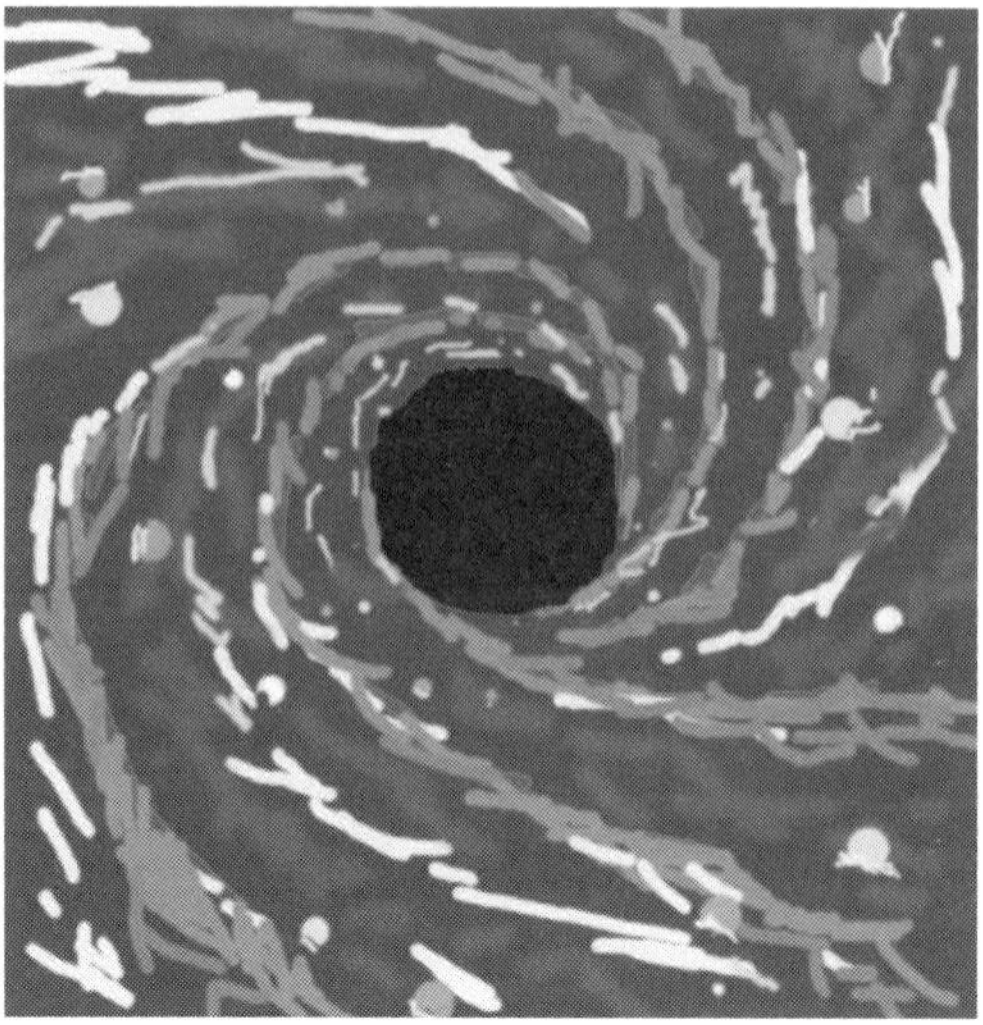

図は銀河系コア

ここで「源」とは、この宇宙だけでなく、あらゆる宇宙の元である。創造の源、大いなるすべて、創造主、ひとつなる者など、いろいろな名前で呼ばれる。

スターゲートはモンローの『究極の旅』（日本教文社）ではアパーチャー（孔）、「源」はエミッター（放出口）と呼ばれている。

スターゲートは宇宙のあちこちにあるようだ。銀河系の中心核（コア）にもある。

スターゲートの特徴として、そこを通っていくと、非常に高いフォーカス・レベルへ一気にジャンプすることができる。また、この宇宙内の遠く離れた場所へ一気に移動することも可能だ。その点では物理学で言うところのワームホール（その意味は虫食い穴）と同じ役割を果たすようだ。

繰り返されるパターン

これまでに何回もスターゲートを超えて高いフォーカス・レベルへ行ったが、その経験から次のことが言える。

フォーカス49を超えていくと、あるレベルには多数のITスーパークラスターが集まってひとつ上の構造体を形作っている。構造体はスタジアムの形に見え、一つひとつのITスーパークラスターは球状をしていて、スタジアムの観客席に当たる部分に並んでいた。

フォーカス34／35にI／There、フォーカス42にITクラスター、フォーカス49にITスーパークラスターがあり、それぞれがスタジアム構造を作っているのと同じである。

つまり、同じパターンが上のフォーカスに行っても繰り返されているのだ。

ここで、ITスーパークラスターが集まって作る構造を仮にITスーパー2乗クラスターと呼ぶことにする。

この構造の繰り返しは、かなり上のフォーカス・レベルまでも続いていた。つまり、ITスーパー2乗クラスターの上にはITスーパー3乗クラスターがあり、その上にはITスーパー4乗クラスターがあるという具合に、より大きな構造が存在しているのである。

上のレベルに上がるごとに球はより広範な領域に存在する意識を含むことになる。この宇宙だけでなく他の多くの宇宙にいるものたちを含むようになるのだ。

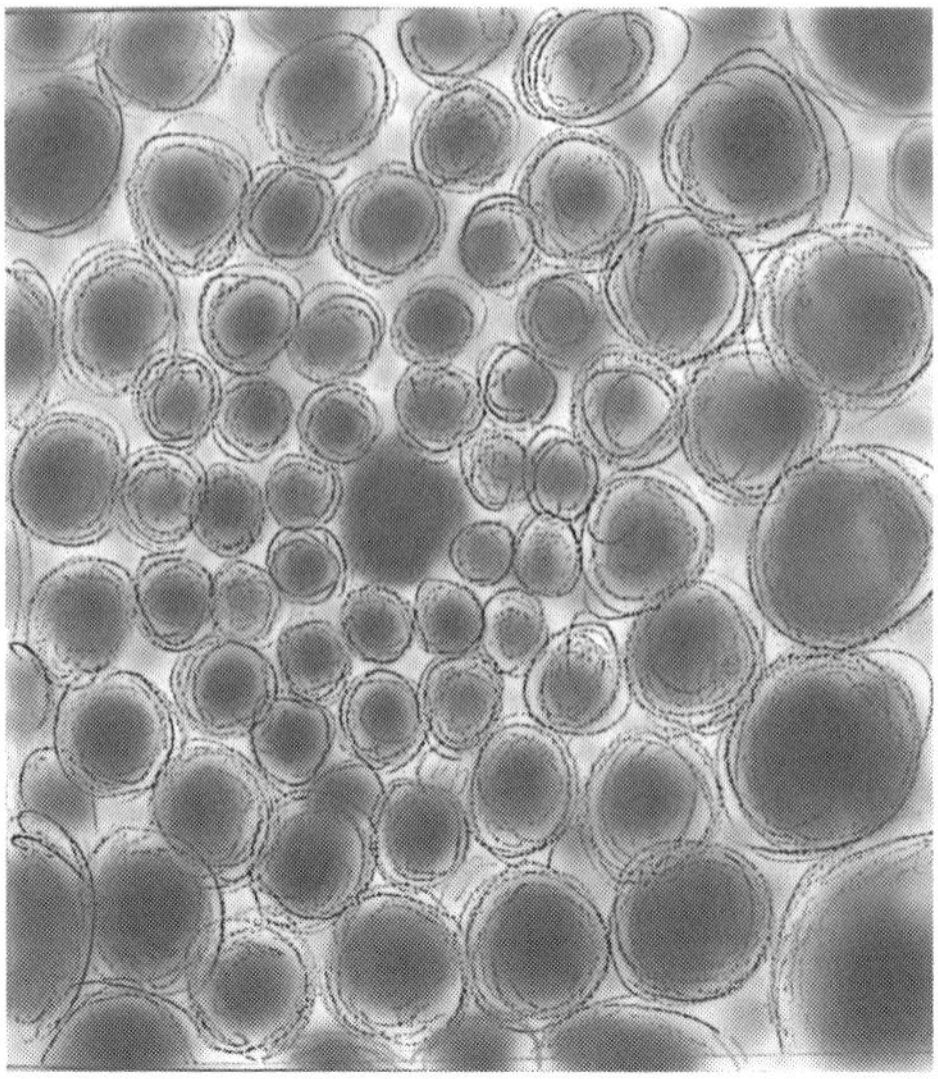

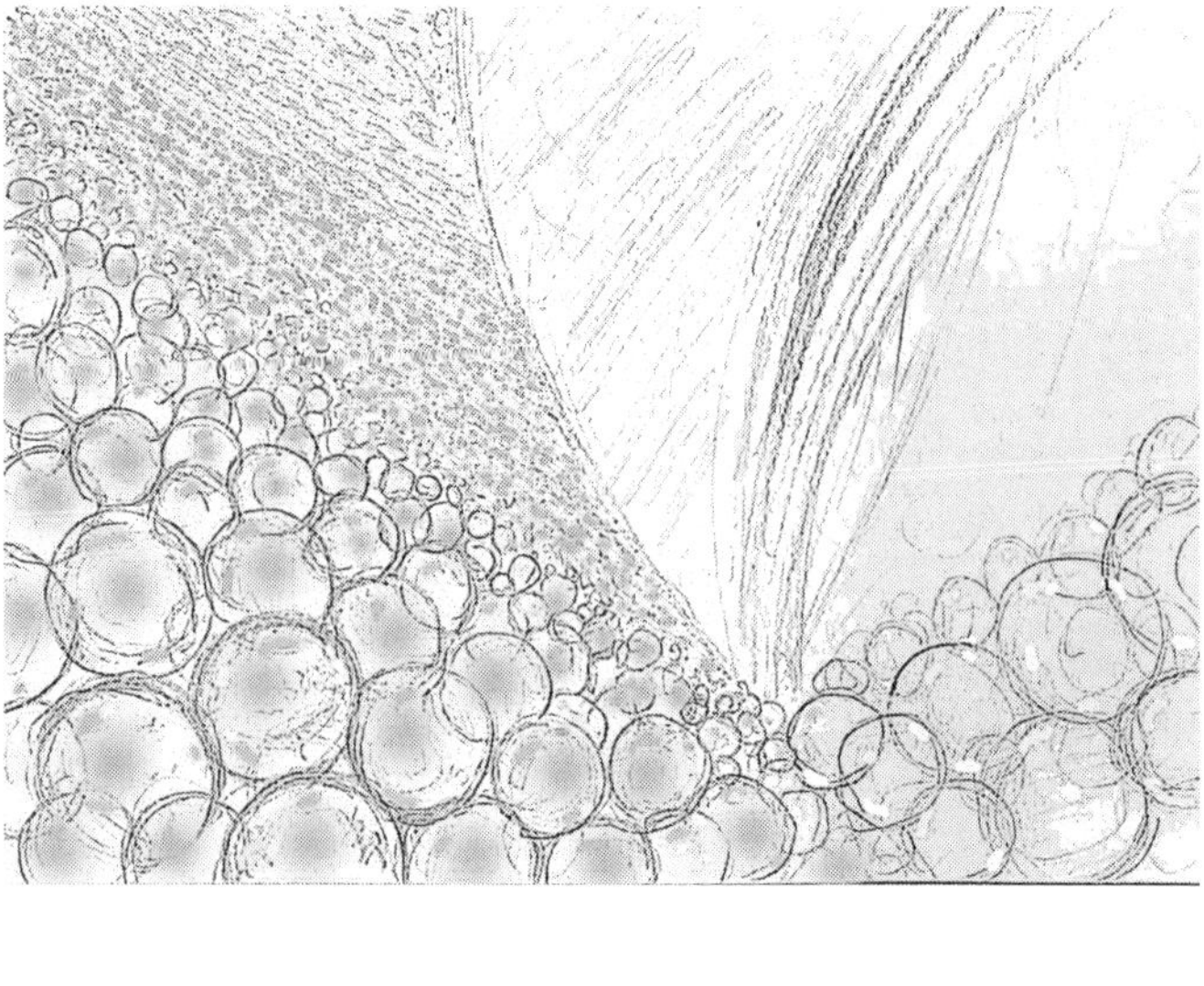

第3章　体験録を見直す

それでは、ダークサイドの宇宙人の話に戻る。

私は２００３年に初めてスターラインズに参加して以来、年に1度のペースでスターラインズに参加し、さまざまな生命体とコンタクトし情報を得てきた。

当時の私はダークサイドの宇宙人というものが存在することをまったく知らなかったので、そういう生命体に会っていたとしても気がつかなかった可能性がある。

ということで、ダリル・アンカと会った２００８年11月までの体験録をそういう観点から読み返す必要性を強く感じた。読み返してみると、いくつか気になる体験が見つかった。ダークサイドと思われる宇宙人に何度か会っていたのだ。

それらを順に書き出してみたい。

ローリーの死の予言

２００６年８月19日（土）、あるセッションでの体験。

目の前がやたらとまぶしくなった。これはガイドが来ているサインだ。このサインは実に久しぶりだ。

視界がぼんやりしていたのが、目の前に布か何かが現れて、何往復かするうちに、はっきりしてきた。ちょうど目の前のガラスが布でこすられてきれいになっていくかのようだった。

すると、メッセージがあった。

「ローリー・モンローが近々死ぬ。予期せぬ病で、急に死ぬ。そのときに、だれがモンロー研を引き継ぐかでもめるので、チャンスだ。介入すること」

死ぬのは数年とか先ではなくて、もっと近い。半年から遅くて1年先という印象だった。

ローリー・モンローはロバート・モンローの実の娘で、モンローが亡くなった後、モンロー研の所長とディレクターを兼務していた。

この段階ではローリーの病気についてはローリー自身知らなかったはずだ。モンロー研のトレーナーのフランシーン・キングによれば、ちょうどこのころ、ローリーは飼っている犬にぶつかって転び、二の腕を骨折した。その検査の際に肺ガンが見つかった。すでに相当進行していてステージ4だった。

このメッセージのちょうど4ヵ月後の12月18日、ローリーは向こうの世界へ旅立った。

この体験はいくつかの点でネガティブな存在が関与していたことを強く示唆している。

人の死を前もって知らせてくること自体は通常のガイドでもするかもしれない。ただ、その場合、もう少し哀悼の意というか、それなりの考慮をしながら、伝えてくるはずである。このメッセージは単刀直入で、そういう考慮は一切感じられなかった。

また、ローリーの死を好機ととらえていたこと。これもガイドならチャンスだなどとは言わないはずだ。

さらに、介入するという表現。あわよくば、乗っ取れという感じだった。こういう表現もガイドはしないのではないか。

高貴な宇宙人との出会い

２００７年11月に開催されたエクスプロレーション27というプログラムでのことだ。

参加者にKさんという女性がいた。彼女は上からのメッセージを降ろしてくるのが得意で、このセミナーの期間中もときどき私にメッセージを伝えてきた。それは「こうしたほうがいいですよ」という助言だったり、未来の予言だったりした。今から思い返しても当たっていたものが多かったように思う。

そんな彼女があるセッションで次の体験をしたと言った。フォーカス34／35に行ったとき、とある宇宙船の中で、ある存在から言われたという。私も宇宙船内にいて彼女を見た記憶がある。

「マス（私の通称）は頭がいいが、頭が硬い。人の言うことをまったく聞かない。そのためいくつもの過去世で失敗してきた。まったく学んでいない。ただ今回は失敗は許されない。Tさんの言うことに耳を傾けるように。マスはピラミッドを研究し、解明しなければならない。そうしないと人類と地球のアセンションに重大な影響が出る。研究が行き詰る時が来るが、Kがアドバイスする」

その晩のセッションでさっそくこの真偽を自分で確かめようと思い、この宇宙人に会いにいくことにした。

フォーカス34／35へ着いた。Kさんから「ピラミッドを解明しないと人類と地球のアセンションがうまくいかない」と言われていたので、それについて明らかにしようと思う。なぜ自分がそんなに重要な立場にあるのか疑問だった。

そばに誰かがいるかもしれないので、「私は一体だれなんだ」と聞いてみた。

しばらくすると、何かが見えてきた。

「ついにすべての真実を言うときが来た。あなたの本当の歴史をお話しするときが来たようだ。まず、まわりの様子を見てみなさい。何が把握できるか」

黒い背景に白い線で輪郭が見える。大きな開口部が横に曲がりながらいくつか並んでいる。その下には計器類なのか、光るボタンのようなものが配列されたパネルが見える。

「宇宙船の先頭の部分にいて、コントロール用の計器類が目の前にあるように見えます」

「よく見えているようだ」

私の把握能力を確かめているようだ。

「それではこれからお話ししよう。真実を。こちらへ来なさい。My son（わが息子よ）」

My son ってどういうことなのか。まるで、何かの映画みたいじゃないか。

右手へ移動してゆく。何か高貴な存在の後をついてゆく。詳細は見えないが、何か黒っぽいマントを着ているかのようにも見える。

右手奥の部屋へ。開放的な感じの場所で、外の黒い宇宙空間が見える。

「あなたは私の20人いる息子の中の重要な5〜6人の息子のひとりだ」

「それで、あなたはだれなのですか？」

「銀河系全体を統括する存在だ。ここに集まっている（ギャザリングしている）存在たちを統括している」

「本当ですか？」

「あなたは言葉で言うところのＩＴクラスターズのトップだ。あなたの真の歴史を教えよう。

今からだいぶ前、と言っても時間はそれほど重要ではないが。はるか上から指令が来た。地球で、地球の暦で２０１２年に生命エネルギーが流れ込み大変化が起こると。その変化は地球だけでなく、そのまわりのかなりな範囲に及ぶ。

私の息子であるあなたはこれを実現するために志願した。ボブ（ロバート・モンローのこと）と何人かもそうだ。

あなたは物質的生命のすべてを知りたかったので地球で岩石から始めた。ボブはそこまで興味がなかったので、人間から始めた。あなたは遠い道のりを通って人間になり、今に至った。そして今ここにいる。

あなたの役割はピラミッドを解明し、それを使えるようにすること。Ｋが言ったように人類と地球があなたにかかっている」

「あなたの息子のようなすばらしい存在ならどうしてハートが詰まっていたり、トラウマがあったりと、いろいろ問題を抱えているのですか？」

「あなたの本体はここにいてそういう問題は一切ないが、あなたは人間界でずっと成長してきたので、そういう問題を抱えることになった。

ただしばらくして解消する。あなたはここから出て、地球生命系に生まれる時にここの大きな存在から、小さな存在として分離した。その際に、ここでの記憶をすべて忘れることを選んだ。

我々は銀河系全般にわたるＩＴクラスターズだが、プレアデスのところからこのあたりの空間へ出てきている。ただ本体は銀河系の別のところにある。

これらのことを思い出しただろうか？

しばらくはかかるかもしれないが、思い出すときが来るだろう」

この宇宙人はビロードでできたかのような黒っぽいマントを着ていて、高貴な印象があった。ただ今から思うに、どこか威圧的なところがあった。マフィアのボスが善人ぶって出てきても、どこか隠せないところがあるのと同じように、どこかダークな印象があった。ただ、それは今なら言えることである。

この宇宙人は自身のことを、ＩＴクラスターズのトップで、銀河系全体を統括する存在だと言い、私を20名いる息子のひとりだと言った。また、私の役割はピラミッドを解明し、それを使えるようにすることであって、人類と地球が私にかかっているなどと言う。

今から思うに、これはダークサイドの宇宙人がとる常套手段だ。つまり、あなたは特別だとエリート意識をくすぐるのだ。

たとえば、「あなたはアマテラスの生まれ変わりだ」とか言う。これにまんまと乗って有頂天になってしまう人もいる。人はエリートだとか特別だとか言われたいものだ。

ただ、私はこの宇宙人の言葉を積極的にとることも捨てることもしなかった。一つの出来事として記録する、そんな感じだった。

淡々としていられた理由は、そういうふうに言われたいという欲求はすでに満たされているからだと思う。

このプログラムの最終セッションで、この宇宙人にもう一度会った。彼はこう言った。

「もうひとつ教えることがある。あなたには驚きかもしれないが。あなたのエネルギー・チャンネルを太くし、流れを良くするプロセスがすぐに始まる。このプロセスはエネルギー体、メンタル体、霊体にかなりの変化をもたらすので、あなたはけっこう大変なときを過ごすことになる。でも大丈夫だ。大きな手助けがあるので、無事通過することができる。これはあなたに情報を伝達するのや、いろいろなことに必要なことだ」

次にこの宇宙人に会ったのはひと月後の２００７年12月23日のことだ。フォーカス27体験２日コースというアクアヴィジョンのオリジナル・コースでのあるセッションのことだ。

このセッションはフォーカス27で救出活動をするものだが、フォーカス35でメッセージをもらうことにする。

フォーカス27へ、さらにフォーカス35へ行く。

フォーカス35特有の暗い空間が見えてきた。

宇宙船が見える。視界には左向きの先頭の部分のみが半楕円状に見えている。

初めはヴォイジャー８号かと思ったが、上部がガラス張りのように透明になっていて内部が見えるので、違うことがわかる。左向きの船体に沿って操作パネルなのか、光の点がいくつも並んでいる。内部へ。

ここは前回来たところか。誰かがいる感じがする。衛兵という印象だ。

「父に会いたい」と言う。

「許可は取ったのか?」

と衛兵が威圧的に言った。

「私は息子だ」

そう言うと、少しして、何かの存在が目の前の暗い空間に現れた。存在は振り返りこちら向きになった。すると天井が消えてなくなり、ヒューマノイド型の姿が見えてきた。

その存在は何かの丸い台の上に立っているが、姿の詳細はそれ以上はわからなかった。黒っぽいシルエットのみが見える。

「2012年のことをもっと知りたい」

と、ここに来た私の意図を明確にした。

「2012年のことはすべてはっきりとなった。議論は終わった。ここに情報の詰まったパケットがある。これを読み開けばすべてが明らかになるだろう」

つまりモンローの呼ぶところのロート、情報の塊だ（註：非物質世界で情報のやり取りをする際に、情報を一塊にしたものをポーンと受け取ることがある。それをひも解くと内容がわかる）。

さっそく開けてみることにする。

＊　＊　＊

第1章、人間の進化……これはもう知っている内容だ。

次は、第2章。

２００8年からの2年間にあなたがピラミッドを使って輪廻から卒業する方法（生きたまま卒業する方法）を見出し、人が実行に移さないと、２０１０年から大災害が起こり、人類は皆死ぬことになる。このチャンスを逃したくないからだ。

隕石が２０１０年（6月？）に南太平洋のイースター島あたりに落下、数百メートルの津波が発生。人類は大打撃を受ける。もうひとつの隕石が大西洋の赤道上、フロリダの南方に落ちる。

ピラミッドはヘミシンクよりもはるかに効率の良い方法だ。生命エネルギーがハートに流入するので。

２００9年末までにうまく行かないと、大量死になる可能性もあるので、啓蒙活動は必要。大至急やるように。

ピラミッドの研究のための手助けはたくさん来る。

＊　　＊　　＊

見ていると二つの部品が組み合わさって一つの長方形のデバイス（装置）になった。10センチ弱ぐらいの大きさだ。それがこちらに弧を描きながら飛んできて、自分のハートに入った。さらにもうひとつが頭の中へ入った。これが交信をよくするらしい。

さらに体の中を垂直に通るパイプが見え、この詰まりもこれらのデバイスでクリアになるとのことだ。

「あなたが世界で最初に卒業する人になる。そのための情報のダウンロードをよくするためにこの二つのデバイスが体内に入った」。

そうこの存在が言った。

レゾナント・チューニングで二つのデバイスを活動させる（ONにする）ことができるようだ。ここでレゾナント・チューニングとはヘミシンクを聴く際に行なうワークである。自分のまわりにある生命エネルギーを呼吸と共に体内へ取り込み、息を吐く際に母音を発する。

輪廻からの卒業ということが出てきたので、少し補足したい。

人は過去からいくつもの生を生きてきている。特に地球に来てからの生は苦しみの多いもので、その中から抜け出せないでいる。そういう地球での輪廻から抜け出すことを、モンローは地球生命系からの卒業と呼んだ。それには自らがスーパーラブ（無条件の愛）を発する存在になることが必要だとしている。詳しくは拙著『スーパーラブ』（ハート出版）をお読みいただければと思う。

地球生命系からの卒業は、本書で言うところの覚醒と同義である。

話を戻そう。

この宇宙人は、ピラミッドを使って輪廻から卒業する方法を発見しろと言っていたが、そういう方法があるという点では彼は正しい情報を伝えてきたと思う。バシャールも『バシャール×坂本政道』の中で、古代エジプトでは大ピラミッドを使って覚醒した（18万回／秒という振動数に達した）と述べている。

問題は、その後の情報である。その内容は人の恐怖心をあおるものだった。ダークサイドの宇宙人の常套手段なのだが、正しい情報と恐怖心をあおる情報とをいっしょに伝えるのだ。前半で信用させ、後半で恐怖に陥れるということをやる。

そういう意味で、この宇宙人は絵に描いたようなダークサイドの存在だと言える。

この宇宙人には２００７年11月に会った際に、「エネルギー・チャンネルを太くし、流れを良くするプロセスがすぐに始まる」と言われていたが、翌年の２００８年２月になって変化が始まった。

２００８年２月23日（土）

朝起きようとしたら、めまいがした。天地が逆転するぐらいのひどいめまいだ。起き上がろうとすると、大地が大きく揺れる。頭を動かすのがよくないようだ。三半規管の問題だろうか。起き上がれないので、そのまま寝ていることにする。

次の日も、治らなかったので、２日間よく寝た。医者に行き、薬をもらった。

２００8年2月26日（火）

早朝（４時ごろか）目が覚めた。

早口の日本語で何かが話しかけてきた。映画『スター・ウォーズ』に出てくるＣ３ＰＯみたいなロボット的な話し方だ。

私の意識のチューニングをして、周波数を高めると言う。そうすることで、交信をしやすくするとのことだ。

ピラミッドパワーを使うらしい。目の前に５ｍｍほどの大きさの球が来たような感じがする。それが何かをしているようだ。

しばらく別のことを考えていると、作業が終わったようだ。早口の声がまだ聞こえている。早く私を変化させないと、間に合わないとのこと。これは前から言われていた。

「臨死体験をさせてでも、変化させないといけないとこだが。

このめまいも変化のひとつだ。体が意識の変化について行ってない。

死んでから変化を行なうなら、めまいの問題はないが、生きた状態でやるので、めまいがする。フォーカス35まで意識を引き上げる。1ヶ月かけて。エネルギー体（多数ある）を徐々に引き上げて、フォーカス35からC1まで分布するようにする。このため、肉体とのずれが起こるが、慣れないうちは、めまいがする。ちょうどうまくグランディングできてないときのようにだ。

薬でめまいは抑えることができる。医者からもらった薬でいいだろう。なくなったら、市販の酔い止め薬でかまわない。

この変化はパーマネントだ。

今日はフォーカス12まで引き上げた」

フォーカス12なら家内の考えていることがわかるか試してみる。横で寝ている。うまく把握できない。寝ているから無理か。

「人類はいずれみなこのプロセスを通る。生きたままフォーカス35へ行くにはこれが必要だ。あなたが、みな生きたままでフォーカス35へ行くことを望んだので、そうしている。

これよりも、一回死んでフォーカス35へ行き、それから生き返るという手もある」

「臨死体験ですか？　それはいやです」

「そうやって超能力を得た人もいるが。あなたは車の運転でスピードを出すから、事故死というのも簡単だ。ハートの詰まりを治すのは、この作業とは別だ。これはこれでやらないといけない。

毎朝、今頃の時間に作業をする予定だ。ハートのほうは目が覚めていてもいなくてもいい。夢の中でやる」

どうも二人いるようだ。宇宙人のような印象を受ける。

「我々はこういうワークが専門だ。ただ、人間でやるのは初めてなので、様子を見ながらやる」

「おてやわらかにお願いします」

めまいは後一月は続くらしい。

このとき体験しためまいは尋常なレベルではなかった。ちょっとでも頭を動かすと大地が大きく揺れる。寝ているベッドが40度ほどまで傾いたかと思うと、次は反対方向へ40度ぐらいまで傾く。これを繰り返すのだ。

若いころ大島だったか三宅島だったかに船で行ったときに、ひどい船酔いになった。下船したときに、大地が揺れて立っていられなかった。そのときよりもひどかった。

どういうエネルギー・ワークをされたのかわからないが、私の周波数を高め、交信しやすくするという彼らの意図は本当だろうと思う。というのは、そうすることで彼らからの情報が私によりスムーズに伝わり、私をコントロールしやすくなるからだ。

彼らの目的は私をコントロールして、彼らの思いどおりに使うことである。私の場合は本を書いていたので、彼らのメッセージを私を通して発信するというのが狙いだ。

そのメッセージというのは、人類や地球が絶滅するというような、人の恐怖心をあおる内容である。怖れを抱かせることで、彼らのコントロール下に入れようとするのだ。

ダークサイドの宇宙人とつながるようになった人に多く見られるのだが、宇宙人から超能力をもらうのである。それも並大抵の能力ではない場合が多い。

たとえば、ヒーリングができるようになるとか、人の過去世が見えるようになるとか、未来がわかるようになるとか。

ヘミシンクを利用すると、ダークな宇宙人につながらなくても、こういった能力が自然に開花することはあるので、こういうことができるようになった人がみなダークな宇宙人につながっているということでは決してない。

ただ、あなたがこういった能力が欲しいと常々思っていた場合、ダークな宇宙人はあなたの願いを叶えることで、あなたの信頼を勝ち取るということを常套手段として行なう。

ひとたび信頼してしまうと、能力を失いたくないということもあって、どんどんと術中にはまることになる。その結果、完全にコントロールされてしまう。

精神世界の本を書くけっこう著名な人で、どう見てもこの手の宇宙人から情報を得ているとしか思えない人がいる。本人は非常にパワフルだが、伝える情報が人に恐怖心を抱かせるようなところがあるのだ。

ダークサイドの宇宙人は馬鹿ではない。だから、10個の情報を与える場合に、9個はポジティブな宇宙人が与えそうな情報にして、1つだけ恐ろしい情報を紛れ込ます。聞いた人はその1つの情報に大きく影響され、恐怖心を抱いてしまう。

ダークサイドの宇宙人につながっているかどうか見分けるには、その人が伝える情報が人を怖がらせる内容を含むかどうか見ればいい。人類が絶滅するとか、その種の内容だったら、ダークサイドにつながっていると疑ってみるほうがいいだろう。

第4章　ダリル・アンカ／バシャールに会う

ダリル・アンカに会い、バシャールとのチャネリング・セッションを持ったのは、その年（２００８年）の11月である。

実はその時以来、私は自分でバシャールにつながり、交信できるようになった。

ダリル・アンカがバシャールをチャネルするときにすぐ隣に座っていたため、エネルギー的な影響を直接受けたためだと思う。

ただ、例のダークサイドの宇宙人が私にしたエネルギー・ワークでチャネルが開いたためという可能性もある。

私がバシャールとつながる方法は、ダリル・アンカとの会話を想像するというものである。ダリル・アンカはバシャールをチャネルするときに独特な話し方をする。それを自分の頭の中で再現するのだ。

バシャールはセッションを始めるときに毎回だいたい同じフレーズを言う。それをまず再現し、次にこちらから英語で質問し、それにバシャールが答えるということを想像する。後は、それを繰り返していく。一度流れ出すと、そのまま流れに乗っていく。

この方法でダークサイドの存在につながる可能性もある。それを防ぐには、交信を始める前に、自分が光り輝いていることをイメージすること、「私はポジティブな存在とのみつながります」と宣言することが大切である。

私はこの方法でバシャールと交信できるようになった。

交信をするようになって気がついたことがある。それは、初めはバシャールと交信していても、そこを経由して、途中から質問に対する答えを持っている存在に直接つながることがあるということだ。

それは自分のクラスター・カウンシルのメンバーだったり、ガイドだったりする。

逆にバシャールにつながったつもりでも、実はガイドのひとりがバシャール役を演じていることもありうる。バシャールによれば、それはバシャールに直接つながることと等価だという。意識が互いに共鳴している状態になっているので、ガイドだろうがバシャール本人だろうが同じなのである。

実際、私がバシャールとつながっているとき、意識が共鳴状態に入っている感じがある。いっしょに考えている状態と言ったらいいだろうか。

翌年（２００９年）の1月21日から28日の間に何回かに分けてバシャールやこういった高次の存在たちと直接交信して得た情報について次にお話ししたい。

父的存在の正体

以下の交信は２００９年1月23日に行なったものである。初めはバシャールと交信しようと始めたのだが、結果的にクラスター・カウンシルのひとりとの交信になった。

「とある宇宙船の中で会った、私の父的な存在はＩＴクラスターズのトップだと聞きましたが、それは本当なのですか」

「ちょっと言いづらいことだが、ここで真実を言う必要がある。あの存在はオリオン・グループのトップだ。ネガティブなサイド、つまりダークサイドのトップと言ってもいいだろう。彼はあなたを誘惑するために、あのようなことを言ったのだ。あなたやモンローがナンバー2だというのはうそだ。あなたをダークサイドに誘惑するために言ったのだ。

ちょうどスター・ウォーズでエンペラーがルーク・スカイウォーカーを誘惑したのと似てい

る。

あなたは、前にも言ったが、ナンバー2ではない。と言うか、ある意味すべての人はナンバー2だと言える。大きなあなたがナンバー2で、それがいくつにも分裂して地球生命系へ入ってきた。それぞれは別々の個人だ。

あなたは、その中で、本を書きヘミシンクを広める活動をしてきたということで、ナンバー2のような地位を自ら勝ち得たということはできる。

だが、初めの段階ではみな同じだった。モンローとて同じだ。みな地球生命系へ入った段階では同じだった」

「じゃあ、2012年がうまく行くようにするために地球生命系へ入ったというのはどうなんですか」

「大きなあなたやモンローという意味では確かにそうだ。2012年という使命もあって地球へ入っていった。

が、それが分裂して生まれたあなたもモンローも地球生命系へは好奇心から入っていった。

2012年のこととは直接関係ない。

あれもあなたが特別な存在であるというふうに思い込ますためのうそだ。ネガティブサイドはエリート意識をくすぐって人を誘惑していく。

あなたは本を書いていたので標的になったのだ。でもあなたは誘惑されなかった。そこまでネガティブではなかったからだ。

オリオン・グループのトップは、あなたをネガティブサイドに誘惑するためにいろいろ言ったが、その際、シリウス系のネガティブなサイドから以前無意識下に得ていた情報があなたの意識に登ってきたのだ。それが隕石衝突の考えだ。

それはあの存在が言おうとしていたことではなかったが、あの存在にしてみれば、そうひらめいたことは好都合だった。恐怖心をあおることはネガティブサイドが常に望むことだからだ。あなたがこういったネガティブサイドから得た情報を本にしたので、急遽、我々はあなたがバシャールとコンタクトできるようにアレンジした。奇跡的にみなのタイミングが合っていたのはそのためだ。あなたたちもこれには何か重要な意味があるに違いないと思っていたが、そのとおりだ。バシャールに会うことで、真実を知らせたかったのだ。でもよかった。すべてこちらの思惑通りになった」

「で、ピラミッドの研究はどうなんですか?」

「是非続けてほしい。バシャールに聞いたと思うが、2012年までに14万4千人が目覚める必要がある。そのためにさまざまなことが同時並行で進行中だ。ヘミシンクもそのひとつだが、ピラミッドもそうだ。期待している」

同日22時20分、今度はバシャールにしっかりとコンタクトする。

「さっき話をしていた相手は一体誰なのですか？　バシャールではなかったと思いますが」

「ＩＴクラスターズのトップの集合意識だ（つまりクラスター・カウンシルのこと）。その中のひとりが対応していた」

誰だろうか、トートだろうか、と思わず考えてしまう。

「あなたは考えすぎるから、うまく情報がダウンロードできない。流れがブロックされてしまう。集合意識のひとりだ。ＩＴクラスターズのトップの意識レベルは第5から第6密度にあり、我々バシャールたちの第4密度よりも上に位置する」

「あの父だと言ったダークな存在の名前はなんというんですか」

「彼はオリオン・グループのトップだ。第4から第5密度の存在だ。『ラー文書』に書いてあるようにネガティブサイドでも自己に奉仕することで意識の振動数を高めていくことが可能だ。彼の名前を我々は知らない。

ちょっと待って。今情報をスキャンする。

ラッシェルモアだ。オリオン・グループは地球へ侵入しようと隙を狙っている。ラー文書に詳しく出ているが、我々は地球を監視していて、オリオン・グループが侵入できないようにしている。ところが、彼らはときどき我々の目をかいくぐって侵入してしまう」

「彼は宇宙船に乗っていましたが、どこにあるか知っていますか」

「彼らの宇宙船のことは知っている。どこにいるかも把握している」

「彼の部下は何名ぐらいいるのですか」

「直属が1万人ほどいる。あの宇宙船内にいる。また地球上で彼の下で動いている人が10万人ほどいる。彼らはほとんど無意識下に彼の意思どおりに動かされている連中だ。それがわかっている連中はほとんどいない。前にも言ったが、キム・ジョンイルやジョージ・ブッシュがそうだ。特にブッシュの場合はそういう意思はまったくないが、彼の思い通りに動かされる結果になった」

「彼らはシリウス系のネガティブ・グループと連携するのですか」

「しない。ネガティブサイドは共同で事に当たるということをしない。ネガティブの力は分裂する方向へ働き、ポジティブな力は集合する方向に働く」

「世にイルミナティというダークなグループが何世代にもわたって綿々と人類制覇を企てているという話がありますが、どうなのですか」

「そういう話は聞いたことがない。ネガティブなエネルギーというのは分裂する方向へ働くので、長続きしづらい。何世代にもわたって受け継がれるということは考えにくい。

ところで、あなたにときどき情報をもたらすKさんだが、彼女は時としてネガティブサイドからの情報をそのまま流してしまうことがある。去年（２００８年）11月に熱海で行なったスターラインズのときのことを覚えているか。

彼女がダウンロードしたメッセージは、こうだった。

『マスは他の人の助言をまったく聞かない。これまでに地球で6回アセンションのチャンスがあったが、その都度、他の人の助言を無視したため失敗した。そのために大勢が死んだ。そのためマスは上のほうの怒りをかってハートが詰まってしまった。今度こそ失敗は許されない。しっかりKの意見を聞くように。今度失敗したら魂を消滅させるぞ』

失敗したら罰を与える、という言い方をポジティブサイドは決してしない。このメッセージはうまい言い回しをしているが、ネガティブサイドからのものだ。ネガティブサイドは馬鹿ではない。巧妙な言い回しで迫ってくるのだ。

Kさんはオープンなのでさまざまな存在が彼女を使おうとする。気をつけたほうがいい。

同様に、ヘミシンクのセミナーに来る人たちは純真な人が多いので狙われやすい。心をオープンにするため、ネガティブサイドが入り込む余地を生み出す。

これを防ぐにはアファメーションでポジティブな影響のみを受けますと言うことが重要だ。

それだけで大きな効果がある。

ネガティブサイドは社会に影響力のある人を特にターゲットにしている。たとえばあなたのように本を書く人だ。本やテレビ番組でことさら恐怖心をあおるようなものは、ネガティブサイドの影響があると考えたほうがいい」

「ネガティブサイドの影響を受けるということは、その人にそういう要素があるからなのですか」

「そうだ。ただ誰だってネガティブな要素を持っている。恐れや怒りだ。たとえば、あなたには強い恐怖心がある。

前にも指摘したが、ひとつは妻を失うことの恐れだ。その点でスター・ウォーズのアナキンとそっくりだと言える。アナキンは妻パドメを失う恐れからダークサイドへ入っていった。あなたも同じ恐れがある。

ただ違いはパワー・ハングリーでないこと、権力志向でないことだ。逆にリーダーになることを極度に嫌っている。もし権力志向だったら、あの父的な存在に誘惑されて有頂天になり、エリートだと勘違いして、アナキンとまったく同じ道を歩んでいたかもしれない」

「世の中には、そそのかされてそっちへ歩み出す人もいるんですか」

「いる。我が強く、自己顕示欲が強い人は危ない。狙われると、かなり巧妙な手口でネガティブへ導かれていく。本人にその自覚はない場合が多い。２０１２年に向けてネガティブサイドも活発に行動している。十分気をつけるように」

オリオン大戦

太古にオリオン座の星々の住人の間で長期にわたり戦争があった。それをオリオン大戦という。それについてバシャールに聞いた。

「オリオン大戦については、これまで少ししか人類に話されてこなかった。それにはそれなりの理由があった。ただ、ここでいよいよ話してもいい段階に達した。しっかりと聞くように。これはとても重要な情報だ。

A long time ago in a galaxy far, far away…（遥かな昔、遠い銀河で）」

「あの、これじゃスター・ウォーズの始まりと同じじゃないですか？」

「ちょっと冗談を言ってみただけでーす。

何十億年の前のことだ。アヌンナキと呼ばれる生命体たちがこの宇宙へやってきた。彼らはこの物質宇宙のすぐ隣の、若干異なる次元にいる生命体だ。

彼らは実験をするためにこの宇宙の銀河系内のこの近傍の領域へ、やってきた。そして、適当な場所を探した末、こと座（リラ）のある星とオリオン座のリゲルに定着し、そこに人類型（ヒューマノイド）の生命体を創った。

その後、リゲルからオリオンの三ツ星のひとつであるミンタカにも定着した。それらにあるいくつもの惑星で人類型の生命体の文明が発展していった。

こういった生命体の中には物質界の魅力に誘われて、その中に没入していくものたちも多くいた。彼らは元々第4密度の生命体であったが、物質界に没入する間に振動数が下がり、第3密度になった生命体の文明もあった。つまり、怒りやエゴ、物欲、権力欲といったネガティブな意識にどんどんと興味が移っていった文明が多くあった。

つまり、こと座やオリオン座に始まった文明はポジティブなままのものとネガティブなものとに分かれていった。

この段階でこと座にいたポジティブな生命体たちの一部はそこを離れプレアデス星団へと移っていった。そこで彼らはさらに発展し、プレアデス人となった。彼らは主として非物質界に留まった。その理由は物質界の魔力を知っていたからだ。

こと座やオリオン座の文明はアヌンナキの高度な文明からさまざまなハイテクを受け継いでいて、ほとんどの文明がまだそれを忘れないでいたので、宇宙空間の航行技術を持っていた。

ネガティブな文明は他の文明を征服、支配する野望を持つようになっていった。そのため、惑星間での征服戦争が起こった。戦争は何十万年も続き、その間にいくつもの文明や惑星が破壊された。あなたはそのひとつをスターラインズで訪れたことがある。

こういった戦争では地球で使われる核と似た兵器も使われた。まったく同じではないが、同じ原理に基づいていた。

さらに、彼らはフリーエネルギーの使用法を知っていたので、それを応用したさらに強力な兵器も開発されていて、使われた。

そのため惑星の破壊ということが起こった。惑星の住人の多くがネガティブな考えを持って戦争をしたことが、彗星の衝突という事態を引き寄せて破壊されたというケースもある。

これらの文明では、死後世界についての知識もとうに失われていたため、住民は死の恐怖を持ち、その結果、死後にフォーカス23のような所に囚われてしまう生命体も数多く発生した。

リゲルとミンタカのポジティブな文明の生命体たちは戦争から逃れるため、別の移住先を探した。そこで見つかったのが地球だった。

彼らは密かに地球へ移り、そこに自然に進化していた類人猿に遺伝子操作を施し、人類を創造した。そして人類として輪廻することを選んだ。

その利点は、自分たちがどこから来たか忘れてしまうことにある。そうすれば、オリオンなどのネガティブ・グループの探索から逃れることができるからだ。

地球上ではそういう状態が数十万年続いた。これがムーの文明である。

その後、プレアデス人たちも地球へやってくるようになった。理由は、ムー人たちの振動数が下がり、ネガティブな影響が出始めていたからだ。それを戻すという役割と、もうひとつ、そのころ彼らが気がついてきたひとつのことを実験したいという目的もあった。

それはポジティブとネガティブの統合が新たなものを生み出す可能性である。プレアデス人たちの文明では当初、ネガティブを恐れるあまり、ポジティブな側面のみを見る傾向があった。ところがそれは文明の発展に停滞をもたらしていた。

宇宙の真理は、もしかしたら、ポジティブもネガティブもどちらも異なる表現に過ぎないのではないのか、どちらも真理の一面を表しているに過ぎないのではないのか、こういう思いが徐々に強まっていったのである。

さらに、両者を統合することが何かこれまでにない新しい価値あるものを生み出すかもしれないと考えるようになった。

そこで彼らは地球上でのポジティブとネガティブの統合という一大実験にとりかかったのである。

地球上ではムーが自然災害で滅び、その後、地球上のあちこちにあったムーの植民地で別々の文明が栄えることになる。そのひとつがアトランティスである。

オリオンのネガティブなグループも地球の存在に気がつき、支配する格好の場としてやってくることになった。

またシリウスからこれまでまったく知られていなかった新しい文明も地球へやってくるようになった。シリウスはこの宇宙への入り口となっているので、そこを経由してさまざまな文明が地球へやってくるのだ。ポジティブな生命体がほとんどであったが、中にはネガティブなグループもいた。

アトランティスも最終的にネガティブなエネルギーとポジティブなエネルギーに分かれ、ネガティブなエネルギーのために滅ぶことになった」

「ちょっと質問なんですが、この前聞いたときには、オリオンでの戦争では、物質界での戦争はあまりなかったという答えだったと思いますが、その辺はどうなんでしょうか」

「オリオンのネガティブな文明では第3密度の文明と第4密度の文明があった。第3密度ではあなたが想像するような戦いが起こった。第4密度では、テレパシー的な、エネルギー的な形で影響を及ぼすという形での戦いが行なわれた。

つまり、思考の波動を送るという形である。地球での呪詛がその一例だ。

第4密度どうしの間や、第4密度から第3密度への攻撃があった。全体で見ると、戦いの半分強が第4密度で、半分弱が第3密度だ。

地球は今我々ポジティブ・サイドによって守られている。だからネガティブ側の直接の攻撃はない。ただ、彼らは我々の間隙をついて、スポット的に個人に影響を与えることがある」

「ルシファーと呼ばれる存在はいるんですか」

「オリオンのネガティブ・グループには第4密度から第5密度の存在がいる。第5密度の存在のうちの何人かが地球へやってきている。そのひとりがルシファーと呼ばれる存在だと思われる。

彼は聖書にあるように地獄を造ったわけではない。我々の防御壁を潜り抜けて人類に影響を及ぼそうとしているひとりと考えられる。彼は隠れるのがうまく、我々は彼がどこにいるのか把握できていない。そういう存在はいないと考えるものもいる。乏しい情報しかない。

歴史上何人もの人がネガティブサイドの影響を受けて世界征服を企てている。ヒットラー、ジンギスカン、フン族のアッティラがその例だ。

そういう人がどういう形で彼らの影響を受けているのか、我々には把握できない面がある。彼らは彼らでバリアを張り、隠れているからだ。

あなたはそのひとりに宇宙船で会った。それで我々としても彼らの居場所のひとつがわかったという経緯がある」

「じゃ、ちょっとは貢献したんですね」

「まー、そう言えるだろう」

「先ほどオリオンの破壊された惑星の住民でそのままフォーカス23のような所に囚われてしまったものがいたと言われましたが、彼らはその後どうなったんですか？」

「彼らはその後地球へ連れてこられて人類として輪廻している。オリオンのネガティブサイドの連中は彼らを自分たちの兵士として使おうと思っていた。地球へ送り込むことで、地球征服の兵士になると思ったのだ。

ところが、地球の環境は彼らの考えていたのとは違い、一度入ると自分がどこから来たのか、だれだったかすっかり忘れさせてしまう。

そのため、連れてこられた人たちはそのまま人間として輪廻することになった。

地球生命系のいいところは、ここにはポジティブな人もネガティブな人も入り混じって生きているという点だ。ここに連れてこられた人たちは初めはネガティブであったが、輪廻を繰り返すうちに次第にポジティブな影響を受けるようになっていった。そして今では、ポジティブな人からネガティブな人まで幅広い範囲にいるようになった。

同じことが実はここへ来たプレアデス人にも言える。人間として輪廻することを選んだプレアデス人たちは初めはポジティブ一辺倒だったが、輪廻を重ねるうちに幅広い分布を示すようになった。

こうなることは彼らの目的でもあった。ポジティブとネガティブの統合を達成するには、両方を体験する必要がどうしてもあったからだ。

今地球は２０１２年を迎えるにあたり、実はとても重要な時期にさしかかっている。プレアデス系だけでなく、オリオンなど元々ネガティブサイドに行っていた人々も、この機会を利用して、ポジティブとネガティブの統合を図ることができるのだ」

「２０１２年からポジティブな地球とネガティブな地球に分かれる中で、ポジティブな地球へ行こうと我々はしているんじゃなかったんですか？」

「ポジティブな地球に行くことに変わりはないが、ポジティブとネガティブの両方を体験し、知り、その中からポジティブを選択することに意義がある。

ポジティブしか知らないでポジティブ側に行くのとは違う。地球という厳しい環境の中、両方を体験し、ネガティブを十分知った上で、ポジティブ側へ行く。

というより、正確な言い方をすれば、自分にはネガティブな要素もポジティブな要素も共にある。怒りや恨み、憎しみ、愚痴という部分もあると同時に、愛や思いやりにあふれる部分もある。自分とはその両方を持ち合わせた存在である。この真実に気づくことが大切だ。気づくことが統合である。

その上でポジティブな行動を選択する。日々の行動の中でどちらを選ぶかは、実は毎瞬、選択している。ポジティブな選択をすることでポジティブな世界へ行く。それに意義があるのだ」

「なるほど。でも、そう聞くと、ポジティブとネガティブで比較すると、ポジティブのほうがいいということになりますね。上のほうの観点からは善も悪もないという言い方と矛盾するんじゃないですか?」

「ポジティブもネガティブも『創造的エネルギー』が異なる形で表れたものという意味では良し悪しはない。ただ、ポジティブは物事が簡単に行なえるのに対してネガティブは困難を伴う。ポジティブは喜びを伴い、ネガティブは苦しみを伴う」

「ラー文書によれば、ネガティブでも第4密度へ行けるんですよね。じゃ、第3密度と第4密度の違いは何なんですか?」

「違いは自分が自分の現実を創造しているということを知っているかどうかだ。自分に自由意志があり、未来を選択できるということ。ネガティブでも、それがわかれば第4密度に行ける」

「我々はポジティブな地球へ行き、さらに第4密度に上がっていくということですが、ポジティブな地球へ行かなくても、第4密度へ行かれるのなら、なぜポジティブなほうへ行く必要があるのですか?」

「ネガティブなサイドから第4密度へ上がるのは困難な道だ。苦痛を伴う。それに対してポジティブなサイドから第4密度へ上がるのは容易な道だ。喜びが伴う」

「なるほど」

惑星が破壊されたということに関連して、オリオン大戦についてまったく知らなかったときに、スターラインズのあるセッションでそういう惑星に行ったことがあった。２００４年3月16日のことだ。

オリオン座の星で生命体のいる星へ連れて行ってくれるようにお願いする。

すると、声がして、次の話はオリオンのベルトの三ツ星のそばにある小さな星の惑星の話だと言う。

太古に、この惑星には文明が栄えた。

まず惑星の誕生のシーンが見える。微惑星がぶつかり合いながら集積して惑星になった。

そして生命が発生し、進化し、最後に文明を築いた。

この文明は主として機械的な力学的技術に基づくもので、我々のように電子的な技術までは獲得しなかった。我々の文明で言えば19世紀末から20世紀初頭といったところか。

大きな建造物のある都市が見える。

ところがあるときになって滅んでしまった。原因は惑星規模での気候変動とそれによる戦争だ。都市は破壊された。瓦礫の山が見える。
生命体はここを去り、あちこちの別の惑星に移っていった（非物質状態で）。地球もそのひとつだ。

……

体内に入ったふたつの部品の影響

先ほどのバシャールとの交信を続ける。

「ネガティブのトップのような存在と会ったときに、ふたつの部品が私の体内に入りましたが、あれによる悪影響はないのですか」

「実はあった。あれはエネルギーの流れをコントロールするデバイスだ。ネガティブサイドからの情報を受け止めやすくする。さらに欲を増強する作用もある。その後しばらくの間、イライラとかフラストレーションを強く感じたはずだ」

「確かに今思うとそうでした」

「それから目が回ったことがあっただろう。あれもその影響だ。宇宙人がふたりやってきて、何かをしたはずだ」

「自宅に、早口で話すロボットのような存在が2名やってきて、なにかをされたことがあります。それから大阪でセミナーをやったときに、フォーカス10あたりで、聞きなれない宇宙語のような言葉を話す存在がふたり近寄ってきたことがありました。このときは恐怖を感じて、上のフォーカスへ急いで移動しました」

「我々はあなたへの影響を取り除くために、ダジャレのネタをどんどん送ることにした。ダジャレがハートを開き、こういう影響を除去してくれるのだ」

「そうだったんですか、それでおやじギャグを連発してたんですね」

「まー、そういうことだ。ただあなたはエネルギー的なことに対して元々鈍感なところがあるので、それほど悪い影響を受けなかった」

「ところで、あなたがネガティブでないという証拠はあるんですか?」

「これまでに我々が言ったことにネガティブな内容はあっただろうか。脅したりする事柄はあっただろうか。もちろん、あなたが決めることだ。選択するのはあなたの自由だ、などとネガティブ側は言わないと思う」

「確かにそうです」

「重要なことは、アファメーションでポジティブな影響のみ受けますと言うことだ。そうすれば、ネガティブな影響は受けない」

ということで、これ以降はラッシェルモアとは会わないよう、アファメーションでポジティブな影響のみ受けますと言うようにした。さらに自分が光り輝いているイメージを持つようにした。

ところが、事はここで終わらなかった。

第5章　屋久島訪問

２００９年10月になり、アメーバブックス新社の企画で屋久島を訪れることになった。屋久島はパワースポットとして有名なので、そこでヘミシンクを聴けば面白いんじゃないかという軽いノリの企画だった。ただ、すべてがとんとん拍子で決まったので、何となく呼ばれているという感覚もあった。

このときの体験について詳しくは『屋久島でヘミシンク』（アメーバブックス新社）に譲り、ここでは本書に関連する部分のみ紹介したい。なお、この本は絶版となっている。新品はアクアヴィジョンのウェブサイトでのみ販売されている。

この企画の打ち合わせのために渋谷まで行く途中、興味深い体験をした。

総武線快速の中、ずっとうつらうつらしていたが、錦糸町あたりだったたか、目をつぶって瞑想を始めた。すると突然、左手の方にこちらの気を引こうとして、さかんに動き回る存在がいるのが意識に入ってきた。何か神主という印象がある。

「そなたは神社とか、あまり興味を持たないが、私は日本の古い教えに関わる存在だ」

「I／Ｔｈｅｒｅのひとりなのですか？」

「いや、I／Ｔｈｅｒｅではなく、もう少し上の方で関係がある。私は日本古来の教えに関わっている。今の神道とは少し違う。なぜ今出てきたかと言うと、今度、そなたは屋久島に行くが、その際に、そこの神々と関係が出てくるからだ。それについて前もって説明しておく必要があるからだ。

日本各地には、それぞれの地のエネルギーに関係する存在たちがいる。彼らは神々と呼ばれることもある。そなたはそういう呼び方は好きではないのはわかっている。ただ、呼称はともかく、そういう存在たちが実際にいることは事実だ。

屋久島は古来のエネルギー場がそのままよく保たれてきている。ところが日本の他の地は、かなり乱れてしまい、きちっとそのままの形で残っているところは少ない。

屋久島は、パワースポットだ。その意味は、そこが高いフォーカス・レベルへとつながっていることと、そこが別次元へのポータルになっていることだ。別の次元世界への出入り口になっている。バシャールの本に、ディーヴァとか、エレメンタルという存在たちが出てきただろう。妖精と呼ばれる存在たち、イエッツィなどだ。彼らは異次元の生命体で、ときどき、この物質界へ顔を出す。バシャールが言っているように、本当はああいう姿ではない。人間が勝手に想像しているだけだ。

屋久島では、こういう存在たちにも出会える。「もののけ姫」に出てきた「こだま」もその一種だ。

だから、そういう存在たちと交信してみるといい。彼らは世界をまったく異なった知覚、把握の仕方をしている。そなたの世界観は非常に限定されたものだ。少し違う見かたを学ぶ機会になる。

それから、上の方の意識レベルの存在たちも大勢いる。先ほど言った、この地を治めるような存在たちだ。彼らは日本中の他の存在たちにつながっている。

この地に入る際に、ちゃんと挨拶することだ。それぞれの地に入る前にちゃんと挨拶すること、これは大切なことだが、今では忘れ去られてしまった。挨拶しないとバチが当たるなどと、そういうことを言っているのではない。そういうことをするような低級な霊ではない。

でも、敬意を払うことは大切だ。人の家に入る時はみな挨拶するだろう。それと同じことだ。ともかく、楽しむことだ。ここにはたくさんの自然霊がいる。あなたの知らない世界が広がっている」

こう言うと、この存在は姿を消した。

屋久島ではこの存在が言ったように、実にさまざまな非物質の生命体がいた。ここでは、本書に関連する部分のみを抜粋した形で載せたい。

２００９年10月2日（金）、出発の日の朝、羽田空港へ車で向かっているときに、ディアナと呼ぶようになる高次の存在との初めての交信があった。これについては『覚醒への旅路』（ハート出版）でお話しした。

ディアナはとても軽やかで、優しく、かすみのような感じのする存在である。心にわだかまりがまったくなく、知性に富み、深い慈悲の心が感じられるのだ。

鹿児島空港から強い雨の中、プロペラ機で屋久島へ向かった。30分ほどで着陸態勢に入ると、激しく揺れ出した。

しだいに屋久島へ近づいていく。ここで挨拶することを思い出した。

「坂本と申します。屋久島へ入らせていただきます。よろしくお願いします」

「そちのことは存じておる。仲間から紹介された。入られよ。楽しまれるがいい」

そういう感じのメッセージが返ってきた。

翌10月3日（土）、島の周囲を海岸沿いに車で行き、適当な浜辺でヘミシンクを聴くということになった。周囲は１００キロちょいだから、時速50キロでも2時間の道のりである。１日で一周できないことはない。海岸沿いを西へ向かう。つまり、島の北側を回ることになる。しばらく行くと、円錐状の山がいくつか目に入ってきた。一見目には木で覆われたピラミッドだ。どうも屋久島では、円錐状の山が目に付く。

11時20分に、いなか浜に着いた。

かき氷屋の隣に広い駐車場があるので、そこに止めることにする。

どうやらここは隣接する宿泊施設の駐車場らしい。その一画としてか、浜辺沿いにあずまやが並び、その下にはテーブルとイスがある。ヘミシンクをやるには格好の場所だ。幸い、他の客もまばらなので、ここで一回目のセッションを行なうことになった。

このあずまや風の休憩所は、波打ち際から数十メートルの位置にある。つまり、目と鼻の先にベージュ色の砂浜と青い海が広がっているのだ。海を超えて吹く風は心地よい涼しさをもたらしてくれる。パラソル型の屋根によって、直射日光が遮られるので、暑くならない。ヘミシンクを聴くには絶好の場だ。波の音が常に鳴り響いているのが、さらなる効果をもたらすに違いない。

同行の出版社の人たちは、一段高くなったところにあるあずまやでヘミシンクを聴く。

私は、彼らのいるところから一段下がったところにあるあずまやで聴くことにする。イスに座った姿勢で、目を閉じて、セッションに入った。

いなか浜でのセッション

レゾナント・チューニングを終えたあたりから、交信が始まった。

「その小さき者よ、何をしておるのだ」

男性の声だ。

「ヘミシンクという音を聞いて意識を高め、この地に存在する高次の意識存在と交信しようとしています」

「我々は神代の昔からゆたとの交信はあったが、おまえのような存在とははじめてだ」

「なぜこの島には結界があるのですか？」

「この地にいるさまざまな神々の調和を守り、外来のものを排除するためだ。山、海、地、天、古来より調和が保たれてきた」

「ここの歴史を教えてください」

「はるかな昔、我々はここに安住の地を見出した。我々はプレアデスからやってきた。一団としてやってきた。世界各地に根付いた。我々はこの地を良き地と見定め、ここに住みつくことにした。ここは地良く、海良く、民良く、みなが調和するのに適した場があった」

「場とは？」

「地球の内部から来るエネルギーと天から降りるエネルギーが合う点。ポータル。はるか上位のエネルギー源からの流れ込みがある。この地はすばらしき地なり。今でもそれは変わらぬ。あらゆるものにとって癒しの場となる。傷ついた者たちが集まり、癒されるのだ」

「あなたたちはプレアデス系ですが、どこから逃げてきたのですか?」

「あなたも知ってのとおり、リラ(こと座)、オリオンでの戦い。そこでの戦傷を癒す必要があった」

「戦傷?」

「そうだ。我々はネガティブなエネルギーから逃れ、ここにたどり着いた。ここは、ポジティブなエネルギーのバリアが張りやすい。ここに安住できる。地のエネルギーもそれを支持している。別系統の存在たちだが、我々に協力的だ」

「そのため、大きな結界を張っているのですか？　島全体を包むようにあるような気がします」

「それがわかるか、小さき者よ。この結界は強固だ。中に入るものを選別し、その負のエネルギーを減じるのだ。そなたは今、結界を作るようじゃな」

ちょうどリーボールを作っているところだ。リーボールとは自分のまわりにイメージングで作るエネルギーのシールドのことである。

「われらと同じ軽やかな光、プレアデスの光じゃ。そなたもわれらと同根、遠い過去には同じ祖先をもつ。分かれし分身よ。よく来られた。調和のエネルギーを共有しよう」

軽いエネルギーだ。

女性の声が続ける。

「私たちには女性もいるのよ。そなたのガイドの女性とこの前お会いし、話をしました。すばらしい心の持ち主ですね。あなたはあのようなお方をガイドとして持たれ、すばらしいことです。私たちの真のエネルギー、波動はこのように軽やかで、心地よいものです。結界などいらなくていい世の中になってゆくことを望みます」

「２０１２年との関係は？」

「ご存知かもしれませんが、今、天のエネルギーと地のエネルギーが増大しています。それが

私たちがここから離れていくことを可能にしてくれるのです。もうこういう結界の中に隠れている必要はなくなります。自由に動き回ることができるようになるのです。それはもうネガティブの影響を受けなくなるからです。それだけパワーが入ってきています。このエネルギーを使って、私たちは自由になるのです。すばらしいことです。ここに来てくれてありがとう」
「ありがとうございました」
このふたりの存在には、断片的なイメージとして次の印象がある。浜に打ち寄せる波のしぶきにかすむ高く青い険しい山、高貴なお方、風になびく羽衣、深い悲しみ。

この島の高次の意識存在たちとすんなり交信でき、少しほっとした。島の作るエネルギー場を象徴するようなエネルギー的な存在が出てくるのかと思っていたが、そうではなかった。もっと人的な存在で、男女の区別がしっかりある。王族の王と王妃というイメージが良く似合う。

彼らはこの地が天と地のエネルギーが合う場であるのを利用して、ここにポジティブなエネルギーのバリア、結界を張っている。そうまでしているのは、こと座（リラ）とオリオン座での戦いの傷を癒すためとは驚いた。予想だにしていなかった。一体彼らに何があったのか。

実録スター・ウォーズ

２００９年10月４日（日）、7時起床。８時半から部屋でノン・ヘミ（ヘミシンクを使わない）で交信を行なう。渓流の音がバックグランドにちょうどいい。

「屋久島にいる高次の意識存在たちよ、交信させてください」

「小さき者よ、なんであるか」

「あなたたちの起源について、この屋久島に来るまでの経緯をお話しください」

「これについては情報の塊で差し上げよう。徐々にひも解いていくがいい」

「うまくひも解けるかどうか、不安ですので、少しだけでも今、お話しください」

「わかった。これはラブストーリーでもあり、悲しい話でもある。

昔々、地球も存在しなかったころのことだ。我々はオリオン座のある星系にある惑星にいた」

「物質的な生命ですか」

「そうだ。我々はさまざまな意識レベルにいたが、特に第３密度と第４密度の領域に多くが住していた。かなりの長きにわたり、平和に暮らしていた。

そこへ、あるところから、別の星に起源をもつグループが大挙して到来した。我々の星系内へ入ってきたのだ。

我々は基本的に外来者に対してオープンな種族であったので、彼ら異民族を快く受け入れたのだ。彼らは我々とは見た目にも多くの点で違いがあったが、人間型であるという点では一致していた。それは我々が彼らと遺伝子的には同族であることを物語っていた。彼らは地球から見るとリラ（こと座）の星からやってきたとのことだった。

彼らは初めこそ、おとなしく我々と協力して、暮らしていたが、次第に、様々な事柄で意見の対立をみるようになった。それは水などの資源や領地をめぐるものだった。我々はあなたの言葉でいうところのポジティブ一辺倒な存在であったので、常に彼らの要求をできるだけ認め、互いにとって利益のある形での解決を目指した。

ところが、そういうことを続けていくうちに、あるとき、我々は存亡が危ぶまれるような状況に陥っていることが判明した。

彼らは善意をもって事に当たっていたのではなく、悪意をもって事に当たっていたのだ。彼らは周到にめぐらされた計画の元にすべてのことを行なってきていたことが、その段階で明らかになった。ただ、時すでに遅く、我々は、この星から逃げ出さざるを得ない状況になった。

その時の詳細はあまりに悲しいので、ふれたくない。多くの人が肉体の命を失った。また、第4密度の生命体たちも多くが意識をコントロールされたり、相当のノイズを受けて、まともな思考が難しくなるということが起こった。これがあまりに短い期間に起こったため、我々には当初何が起こったのか、皆目見当がつかなかった。

すべてが判明したときには、我々に残されたことは、その星系から脱出することだけだった。多くの同胞が取り残されることになった。取り残された彼らには悲惨な運命が待っていた。ネガティブな思考パターンに落ちていき、彼ら自体が、ここへやってきたグループと同化する結果になった。そもそも元々は同じ人間型という種属であるわけだから、同化は簡単なことだった。

脱出できた我々はプレアデスへのがれることになった。ここには我々の同胞がはるか昔にすでに移民していて、そこに豊かな文明圏を構築していたからだ。そこで我々は暖かく迎え入れられた。

ただ、ここは我々にとって一時的な居場所という位置づけだった。というのは、ここにはすでに先に来ている人々の文明があり、我々が居座り続けるのは、遠慮したほうがいいと思われたからだ。我々は新たな地を求めて、さまざまな領域を探し、その末に地球を見出したのだ。

ここまでには出てこなかったが、王族間のラブストーリーや、悲劇、裏切りがあった。映画『スター・ウォーズ』には、それがうまく描かれている」

「ありがとうございました。もうそろそろ出かける時間になりました。この続きはまた後ほどに」


受け取った情報の塊を、帰宅した5日の晩に風呂に入りながら一部、ひも解いた。それを以下に書いておきたい。

その情報の塊に意識を向けると、例の男性の声が優しく語り出した。そこにはあの軽やかで霞のような彼の感覚と、深い悲しみ、喪失感が伴っていた。


「遠い昔、我々はある種族、集団の王族であった。王族という言葉は支配階級を思わせるが、実は、選ばれた者たちであって、支配階級ではない。我々は優れた知恵、品格を有していたがために、この地位に選ばれたのである。また我々の親族も同様の理由で、上位の位に選ばれていた。どちらかと言うと、大統領という言葉がより近いかもしれない。ただ、ここでは便宜上、王、王妃という言葉を使うことにする。

王と王妃には5人の息子たちと2人の娘たちがいた。ここで、断っておきたいが、具体的な数はあくまでも比喩であって、実際にその数であったわけではない。彼らは我々の国土を分割して治めていた。ここで、また、言葉の問題がある。治めると言ったが、米国大統領が米国を治めているのと同じような意味である。

また、我々が物質世界で具現化した際には、第4密度の領域で主に具現化していた。ただ、ここではみなさんにわかるように第3密度での話に翻訳してある。

さて、5人の息子たちに与えられた領地を仮にA国、B国…E国と呼ぼう。これらの5つの国には、いろいろな意味で違いがあった。ちょうど日本を北海道、東北、関東……九州、沖縄と分けるようなものである。できるだけ平等に分けてはいるが、人口や面積、その他の点でけっして同じではない。でも、彼らは譲り合いの精神に富んでいたので、違いはなんら問題にはならなかった。そういうふうに我々は長い間、平和裏に暮らしていた。ちなみに我々の寿命は数千年である。

そういう我々の星系にあるとき、別の星系から、我々とは微妙に異なる生命体たちが移住してきた。彼らは、遺伝子的に我々と遠い過去でつながっているために、我々と類似点も多く、いわゆる人間型の生命体であった。

ただ、彼らには我々と決定的に異なる点があった。それは思考パターンである。我々はポジティブな思考をするのに対し、彼らはネガティブな思考をする。この生命体たちを仮にX族と呼ぶことにする。そのことに我々はまったく気がつかなかった、というのは、我々の知るなかにこれまでそういう人たちはいなかったからだ。

我々は彼らX族を快く受け入れ、彼らに我々の土地の半分を分け与えた。たとえば、上の例で言えば、A国に住んでいる長男は、彼らの一派を受け入れ、半分の土地を渡し、B国に住んでいる次男は、別の一派を受け入れるという具合である。当初はそれで何の問題もなく時間が立っていった。

ところが、次第に人口が増えてくるに従い、たとえば、A国に入植したX族グループが不平不満を持つようになった。彼らとの交流から、実は、我が民の多くがネガティブな思考をするようになってきていた。そういう中で、この問題が徐々に大きくなってきたのだ。

本来の我々であれば、こういうことは問題にもならない。たとえ問題になったとしても、共通の利益になる策を考え出して、解決していた。

ところが、ネガティブ側の考えに毒された多くの我が民は、X族の意見に賛同して不満を持つ者たちと、逆にX族排斥に動き出す者たちに分かれていった。本来の融和を唱える者はごく少数になっていった。

同様のことがB国やC国など他の地域でも並行して起こっていた。

そして、隣国間の国境線をめぐり、あちこちでいさかいが生じるようになった。こういう動きと並行して、国内の治安が徐々に悪化する過程で、治安維持を目的として、これまでにまったく必要とされていなかった警察機構が組織された。警察は自衛のために武装するようになった。

そういう中、A国内ではX族とX族排斥者の間のいさかいがますます大きくなり、ついには局所的な戦闘が起こるようになった。さらに、この機をとらえ、隣国のB国内のX族がA国にあわや侵略する事態に発展した。侵略はA国の警察によって、かろうじて防ぐことができた。

この非常事態に、A国内のX族の長は緊急国会を召集し、非常時を乗り切る一時策として自らをA国のリーダーにする動議を提出し、全会一致で認可された。彼は最初の処置として、警察を国防軍として隣国との戦闘に備えさせた。

また、A国の半分の元々の王であった我が長男とその家族はあわや逮捕という寸前に国を離れ、我らが住む地へ逃れてきた。

C国でも事態は類似の過程を経ていた。ただし、ここでは我が息子がネガティブ側に落ち、自ら独裁者になって、反対する勢力を国内から一掃した。

同様のことがE国でも起こった。こうして我が息子の何名かはネガティブ側に走り、何名かは国外に逃亡、何名かは命を落とした。

その後、各国は互いに争うようになり、次第にその中の一国が勢力を強め、全体を統一した。そして、その統治者は、皇帝を名乗るようになった。これこそ、我が息子のひとりである。あなたが会ったダークサイドの存在、ラッシェルモアが彼だ。

彼を救い出してはくれぬか。無理にとは言わぬ。彼は非常にパワフルなのはわかる。だが、彼を残していくこと、それが我らの唯一の悔み、心残りじゃ。

そなたに、できれば、彼をダークサイドから救い出してはくださらないか。

そなたを危険に巻き込むわけにはまいらぬが……」

しばらく沈黙が続く。

「ここまで、ひとつの星の上での出来事のように話してきたが、実はそうではない。いくつもの星を巻き込んだ、大きな戦いだった」

こう語る声には、深い悲しみが込められていた。

この男性的存在ともうひとりの女性的存在は、王と王妃という印象で、足元までの流れるような衣装を着た姿のイメージと共に、霞の中の高い険しい山というイメージや、軽やかな風のような流れという印象も伴う。

私は、彼らの悲しみの深さにしばし沈鬱な気持ちになった。言葉を使わなくても、彼らの心は伝わってくる。彼らの持つ軽やかさは、この悲しみと本来は共存する必要がないほどの高い振動を持っている。ところが、オリオン大戦での経験は彼らの心に深い傷を負わせたのだ。

なぜ私がラッシェルモアをダークサイドから救出しなければならないのか、なぜ私なのかという疑問を抱いて屋久島から帰宅した。

そのひと月後の２００９年11月、スターラインズとスターラインズⅡというモンロー研の宿泊型プログラムを２週連続で開催した。その中でラッシェルモアといよいよ対峙することになった。

第6章　ラッシェルモアとの対峙の前に

２００９年11月7日（土）、熱海のホテルでスターラインズが始まった。２つのプログラムを続けてやるので、そのどこかで、心の準備ができたらラッシェルモアに会いに行こうと思った。ただ、当面はプログラムに集中し、ラッシェルモアのことは考えないことにした。

古い友人に会う

２００９年11月9日（月）、フォーカス42のセッションでプレアデス星団を訪れた際にまったく予期していなかったことが起こった。

フォーカス42へ。アークトゥルスを訪れた後、プレアデス星団へ移動する。目の前の暗い空間に渦巻き状のものが見える。回転している。何だろうか

「あなたは私のことを覚えていないのですか？」

そう、その渦巻きが言った。

「覚えていませんが」

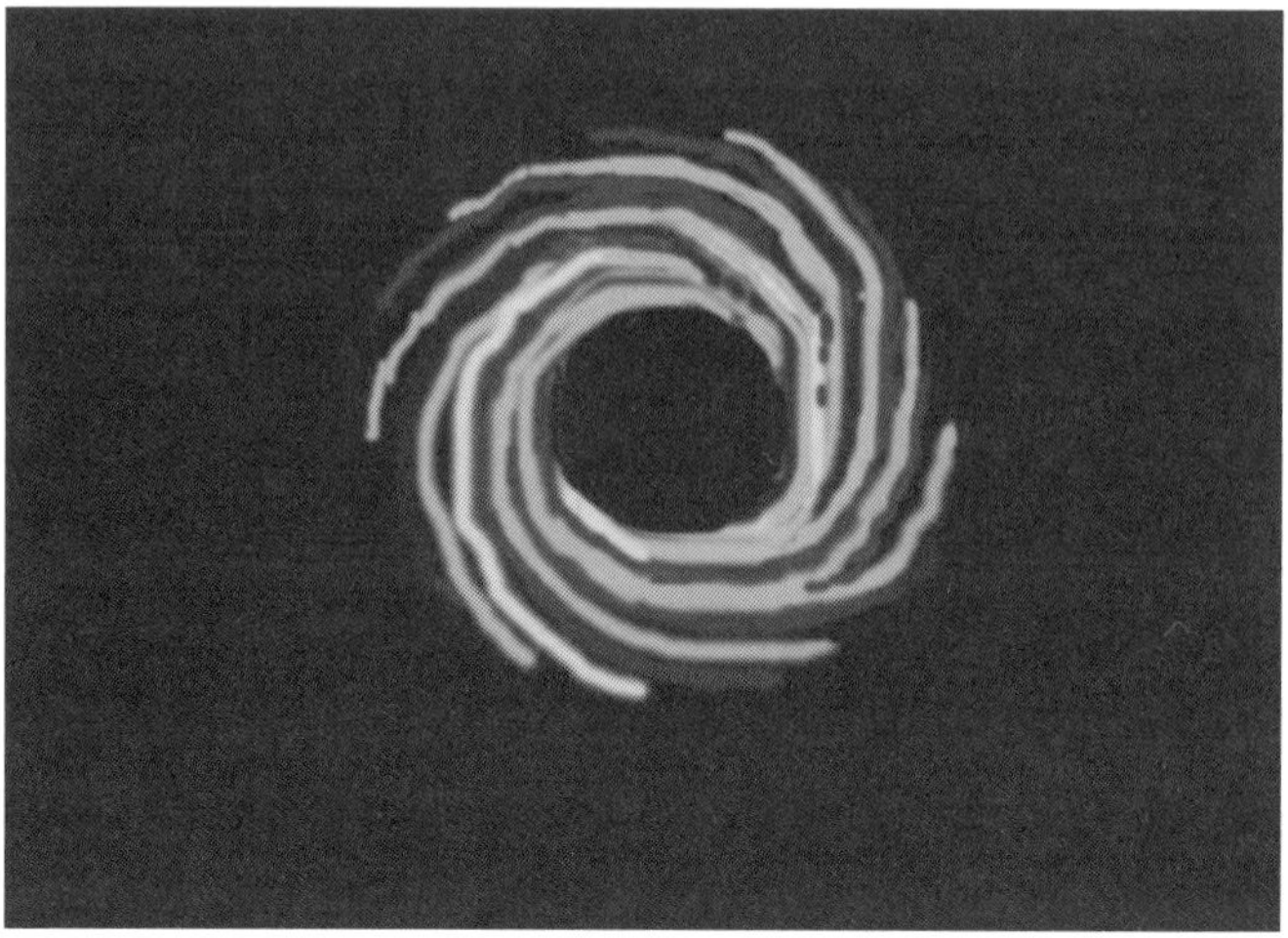

「あなた方の古い友人です。あなたとモンローがここを去る前にここにいっしょにいました」

モンローと私は地球へ来る前にここにいたと、以前プレアデスを訪れた際に会った生命体に言われていた。モンローはここをKT—95と呼んでいた。

「私がどういういきさつでプレアデスへ来たのか教えてください」

「かなり前のことです。あなた方は、私も含め、大きな存在の一部としてここへ逃げてきました」

「どこから？」

「あなたが知っているように、オリオン大戦からです。ここの話は慎重に聞いてください。

あなたも知ってのとおり、オリオン座の星々で大きな戦いが続いていました。私たちの親たちはその戦いに疲れて、住み慣れた故郷を捨てて逃げてきたのです。親と、親の親たちです。みな一緒に逃げてきました。彼らはみな大きな高い意識レベルの存在たちです。

そして、一部を我々として、ここプレアデスの片田舎に隠したのです。小さな渦として。エネルギーの渦たち。何も知らない渦たちとしてここにいることになりました。もちろん、我々を見守り、守る存在たちがこっそりと見張っていてくれたのですが。そうしてモンローとあなたたちはここを離れ地球へ行きました」

「ラッシェルモアは？」

「あなたは信じたくないかもしれませんが、**あなたとモンローの父親です。**彼はダークサイドに落ちた存在です。オリオンのある星で皇帝になりました」

「さっき親と親の親とおっしゃいましたが？」

「親とは母親のことです。ここへ逃げてきました」

「ラッシェルモアは知らないのですか？」

「知りません。スター・ウォーズのダース・ベーダーと同じで、自分に子供がいたことは知りませんでした」

「私が彼を救わなければならないと言われましたが、本当なんですか？」

「あなた次第ですが、あなたはそうすることになると思います。あなたのためにもそれは必要なのです」

「どういう意味ですか？」

「あなたのハートに入ったデバイスです。それを完全に解放するには、ラッシェルモアの力が必要なのです。彼がダークサイドからポジティブ側に行き、それを解放することに同意しないと、それは完全には解放されないのです」

「なんてこった！　そんなバカな！」

「いえ、これは真実です」

「でも、彼のところに行くのは危険じゃないんですか？」

「大丈夫です。あなたはあなたが考えている以上にパワフルです。彼の力は及びません。あなたにはジョークの力があるからです。

　覚えていますか、モンローがダークな存在に会ったとき、彼はその存在を笑い飛ばしたって、フランシーンが言っていたでしょ。あなたにはもっと強力なジョークパワーがついています。これまでのトレーニングの成果です」

「トレーニング？」

「そうです、ここ何年かかけてあなたのジョークパワーを鍛えてきました」

「そうだったんですか。このためにジョークばっかり言っていたんですか？」

「やっと気が付きましたか。ダジャレは世界を救うのです」

「まったく、ほんとにジョークみたいな話になってきましたね」

「でもこれは真実で、大切なことなのです。あなたにとっても、ラッシェルモアにとっても、屋久島の存在たちにとっても。プレアデス系の生命体たち全員にとっても」

何だか、またすごいことになってしまった。

「どうもありがとう」

「どういたしまして」

「ひとりでラッシェルモアのところへ行くべきですか?」

「みながあなたのバックアップをしますが、会いに行くのはひとりです」

「わかりました」


この話は本当なんだろうか。以前、ラッシェルモアに会った際に、彼は、私とモンローが彼の息子だと言っていたが、それは嘘だと思っていた。私にエリート意識を持たせるために言っているのだと思った。

ところが、今回プレアデスで会った生命体は、私とモンローが皇帝ラッシェルモアの子供で、我々はラッシェルモアが気がつかないように密かに田舎の星に隠されたという。

これじゃ、まるで映画『スター・ウォーズ』じゃないだろうか。

スター・ウォーズでは、ダース・ベーダーの子供であるルークとレイアはそれぞれが別個に隠された。ルークは辺境の惑星タトゥイーンに。

ダース・ベーダーはダークサイドに落ちた後で子供たちが生まれたので、自分に子供がいることを知らなかった。そこも同じだ。

少し違うとすれば、ここではラッシェルモア自身が皇帝になったという点。スター・ウォーズでダース・ベーダーは皇帝に仕えるナンバー2の存在だ。

ただ、息子であるルークがダース・ベーダーを救うというストーリー展開は全く同じだ。私がラッシェルモアを救えればの話だが。そんなに映画みたいにうまく行くのだろうか。私にはダジャレパワーがあるから、大丈夫だって？　本当にこの話、どこまで信用していいのだろうか。

ラッシェルモアの家族のルーツを探る

その夜のセッションは、フォーカス42でオリオン座の星々とオリオン星雲の探索である。オリオン座にはリゲルやベテルギウス、三つ星（ミンタカ、アルニラム、アルニタク）など、有名な星が多く含まれる。

何か釈然としないものを感じながら、セッションに臨んだ。

ヴォイジャー8号内。ヘルパーがそばにいるので聞くことにする。

「ラッシェルモアの家族のルーツについて教えてください」

「屋久島の高貴な存在たちはあなたの祖父母だ。彼らの先祖は、オリオンのある星に住みついた。それは彼らよりも何世代も前のことだ。

彼らはポジティブな人たちだった。当時はアヌンナキからまだ時間が経ってなかったので、ポジティブな生命体しかいなかった。こと座の星やオリオンのリゲルなどに住み、さらにオリオンの他の星にも移住した。そういう一団の中に彼らの先祖はいた。集団で移住した中で高次の意識存在だった彼らの先祖は、彼らのリーダーとして何世代にもわたってトップであり続けた。

オリオン座の別の星に行った別の一派は次第にネガティブな考えを持つようになった。当時、これらの星たちの住人達は宇宙連合のような組織を作っていた。

ただ、ポジティブ側の生命体たちにはネガティブな連中の考えや意図はまったくわからなかった。

そういう中、ネガティブな生命体たちは徐々に支配する惑星を広げていった。

そして、あるとき、ついに、あなたがたの祖先が住みついた星にもやって来たのだ。そこから先の歴史については、あなたが知っている通りだ」

「いつごろのことですか？」

「何十億年も前の話だ。時間は少し歪んでいるので、地球上の何十億年とは微妙に異なるが」

「オリオン座の星の現状はどうなのですか？」

「まだネガティブな星もあるが、以前のような大戦とか、帝国とかはない」

「その時の帝国の連中はどうなったんですか？」

「いくらかは今の地球へやってきて、人間として生きていたり、あるいはラッシェルモアのように宇宙船で地球上空にいて、人類をコントロールしようとしている」

「ラッシェルモアはどうして私のことを知ったのですか？」

「スターラインズであなたがあちこちの星へ行ったり、フォーカス35へ来たりしたから、目に付いたのだ。それで、あなたのことをチェックしてみたら、わかったというわけだ。それぞれの人はその歴史を記録として持ち歩いているから、それを解読すれば、どういう歴史をもっているのかわかるのだ」

「スターラインズに私が来ることはわかっていたし、ラッシェルモアがチェックする可能性もわかっていたんじゃないんですか。意図的にやらせたのですか？」

「ある程度は予想の範囲内だ。彼を救い出すには、この手が効果的だと考えたのだ」

「危険があるのですが」

「それは大丈夫だと思う。我々がバックアップしているから」

「でも、彼のパワーも強力なんじゃないですか?」

「そうだが、あなたは自分で考えている以上にパワフルだ」

「信じられませんが」

「後はあなたがそれを信じるかどうかだ。信じればパワフルになる。でもさっきも言ったようにしっかりとトレーニングをしたから、大丈夫だ」

「ダジャレのトレーニングですか?」

「そうだ。ダジャレは世界を救う、だ」

「なんだか、うそみたいな話ですね」

「ま、いずれにしろ、彼に会う必要はあるだろう。ハートの問題を解決するためにも」

「他に何か知っておくべきことはありますか?」

「特にないだろう」

「あの祖父母にもう一度会いたいのですが」

「思い出してごらんなさい」

思い出してみる。すると、王が話し出した。

「無理を言ってすまない。おまえを危険な目にさらすことになるが、彼はまだ愛の心をもっているはずだ。子供に対しては特にそうだ。だから、おまえに頼むのだ。彼に愛を思い出させること。それができればいい。そうすれば取りつく隙ができる」

「わかりました。何とかしてみましょう。でも何と彼に言ったらいいんでしょうか？」

答えはなかった。


ということで、この話は本当ということだ。ラッシェルモアは私の父親だから、私が救出しなければならないということなのだ。

何だかますますスター・ウォーズと同じストーリーになってきた。息子であるルークが父であるダース・ベーダーを救う。

創造のプロセス

翌11月10日（火）、今日はフォーカス42で宇宙ステーション・アルファ・スクエアード（SSAS）にヴォイジャー8号をドッキングする。SSASはヴォイジャー8号同様、非物質のエネルギー体である。ただ、宇宙ステーションというとらえ方をすることもできる。

SSASもヴォイジャー8号同様、船内にはさまざまな施設がある。スターラインズに初めて参加したところは、エネルギー体という印象が強く、うまく把握できなかった。最近ではかなり人間向けに改造されたということで、ドッキング後まず向かうところはホテルのロビーのような印象のところだ。そこで出迎えのヘルパーらに会い、彼らに案内されて船内の各施設へ向かう。

朝一番のセッションは、ＳＳＡＳ内のメモリールームを訪れ、そこで自分の歴史について学ぶというものだ。今回は別の質問をすることにした。

「プレアデス系の歴史について教えてください」

「あなたはかなり知っていると思います」

女性的な雰囲気の声が話し出した。

「アヌンナキがこと座の星やオリオン座にまず人間型生命として生命体を作りました。その一部がネガティブになりました。一部のポジティブな生命体たちはプレアデスへと移住しました。その後も、何波かに分かれてやってきました。それらがここでさらにさまざまな生命体の形態をとって発展しました。非物質的なもの、物質的なもの、さまざまです。

あなたは昨日の話でわかるように、後から逃げてきた一派です。

あなたにはそういう記憶はありません。まだ生まれたばかりだったからです。大きな存在から分離して生まれたのです」

「大きな存在から分離したということと、ラッシェルモアが父親だということは、どういう関係にあるのですか？」

「創造には男性性と女性性が必要です。それが子供たちを作るのです。ただ、ラッシェルモアはネガティブ思考になったため、大いなる存在であった自分から分離していきました。彼自身のいたフォーカス42的なレベルに留まれば、その内側の存在としてすべての子供たちを自分の意識の一部として把握できるのですが、分離してしまったため、それができなくなったのです。ネガティブは分離する方向の力です」

「創造には男性性と女性性が必要とは？」

「**I－Tクラスター・レベルの存在は一つなのですが、その内部に男性的側面と女性的な側面を持っています。**それがそういう存在として現れることも可能です。そういう具体的な形をとった場合に男性の存在と女性の存在というふうに把握できます。

たとえば、あなたが会った屋久島の王と王妃です。あるいは、ディアナとか、そういう個としての存在です。でも、我々の真の姿は統一された一つの存在です。その内部に男女の性が含まれています。

その男女の作用から創造のプロセスが起こります。創造エネルギーはそういうふうになっているという言い方がいいでしょうか。二つの相反する力が組み合わさることで、生みだされる力なのです。

先ほどの屋久島の王と王妃ですが、彼らは本来一つの存在なのですが、ふたつに分離しているのは、彼らの思いの中に自由が若干疎外されているからです。息子がダークサイドに落ちたという悲しみの感情が彼らを束縛し、自由を奪っているのです。そのために、二つに分離した状態にいつまでもいるのです。今回の２０１２年のアセンションで、彼らも自由を取り戻すでしょう」

「どうもありがとうございました」

ここで得た情報を復習してみる。

ラッシェルモアは奥さんとの間に子供をもうけた。そこまでは彼はポジティブな存在だった。あるいは、それほどまでにダークではなかった。その後、彼はダークになり、分離が始まったので、その後のことは把握できなくなった。

始めラッシェルモアと奥さんはフォーカス42的なひとつの存在で、その内部の男性的な側面としてのラッシェルモアと女性的な側面としての奥さんだった。

これは非物質界での話だから、ふたりが夫婦と言っても、我々の次元で考えるようなのとはかなり違う。創造のために男女のふたりの存在というふうに現れたのだろう。

ところが、その後、ラッシェルモアはダークサイドになったので、このフォーカス42的な存在から分離することになる。だから、その後のことを彼は全く知らないのだ。


次のセッションは、銀河系内でフリーフローだが、さらに質問することにする。


メモリールームへ行く。さっきの存在と交信する。

「創造のプロセスについてもう少し教えてください」

「どういう点を聞きたいのですか？」

「どうして二つに分かれてから創造するのかとか」

「これは宇宙の原理としか言いようがないでしょうね。男性性と女性性の融合が新たなものを生み出す。そのためにまず、自分を男性性と女性性に分けなければならない、この辺はそういう仕組みになっていると言うしかないです」

「一度別れて合体することが、新たなものを、子どもたちを生み出すのですか？」

「そうです」

「生み出された新たなものは未知なのですか？」

「完全に未知なわけではありませんが、個々の自由意思をもった存在ですので、この自由意思で自由に探索します。それは親の考えてもいなかったような新しい可能性を秘めています。**我々が新しいものを創造するのは、そうすることが可能性を広げるからです。言ってみれば、親の限界を子供たちが超えることができるのです**」

「そうなんですか、子供のほうが親の上を行くこともあるんですね」

「ある意味では、そうです。新たな可能性を切り開いていくのです。ですから我々はすべての子供たちに期待を持っているのです」

「未知の探索が我々すべての任務だとしたら、子供たちは新たな可能性を広げてくれるわけですね」

「そうです」

「あなたの意識レベルから見たら、我々は取るに足らない存在かと思っていましたが、そういう価値があるんですね」

「そうです。未知を切り開くという」

「道を切り開く、ですね」

「そうです。あなたのダジャレはパワーアップしていますね」

「そうですか？　これもあなたがたのトレーニングのおかげです」

確か、スター・ウォーズのエピソード3でアナキンがオビ・ワンに似たようなことを言っていた。すべてオビ・ワンのトレーニングのおかげだと。

何を聞くんだったっけ？

「そうそう、創造のプロセスですが、あなたがたの非物質のレベルではＤＮＡとかそういうのは関係するんですか？」

「どういう意味ですか？　あ、わかりました。**我々は非物質的な存在なので、物質的な意味でのＤＮＡはありませんが、それに相当する非物質の情報記録コードはあります。**それぞれが持っています。我々のレベルで言うと、ＩＴクラスターのＤＮＡ的な情報コードがあります。**その中のいくつもの組み合わせから、子供たちを作るのです。**それはあなたがたにも伝わっています。**あなたの全記録を収めた情報コードをあなたは持ち運んでいますが、その中には、我々のコードの一部が組み込まれています**」

「それと遺伝子ＤＮＡとの関連は？」

「深く関連しています。ただし、物質としてのＤＮＡは、その中の一部のみを表したものです。あなたの肉体的な両親の持っているＤＮＡをあなたは受け継いでいますが、それはあなたの非物質的な情報コードを表現するために使われています。**あなたの両親の持っているＤＮＡのいくつもの組み合わせの中から、あなたの非物質的な情報コードが表現するのに適したものを選**

んでいます。だから、兄弟は同じ親から生まれたのに、才能や容姿、背丈で違いがあるのです」

「わかりました。ところで、ラッシェルモアが私の中に挿入したものは具体的に何なのですか？」

「それは非物質のデバイスです。二つ入っています。ラッシェルモアがその活性化のスイッチを持っていて、それをONにすると、作動します。それにより、前に起こったように、いらいらしたり、性欲が増したりします。今我々のほうで、それを妨害しています。彼がONにしても、そちらでONにならないようにしています。ただし、それが視覚情報を得るのをブロックしています」

「デバイスは取り外せないのですか？」

「残念ながらできません。彼がカギのようなものを持っているのです。それがないと取り外せません。効果はかなり抑えられてはいますが」

「それは困ったもんですね」

「でも心配には及びません。あなたにはダジャレパワーがありますから」

「そうですか」

まったく呑気なもんだ。これでいよいよラッシェルモアに会わないといけなくなった。どうしたものか。

クラスター・カウンシルとの交信

翌11月11日（水）、午後最初のセッションは、銀河系コア探索とイントロ・クラスター・カウンシルというタイトルのセッションである。フォーカス49で銀河系のコアを探索した後、クラスター・カウンシルと会う。クラスター・カウンシルとは、自分の属するＩＴクラスターとその関連するいくつものＩＴクラスター全体を代表する存在たちのことである。

銀河系コアに近づく、渦が見えてきた。

交信開始。銀河系が話し始めた。

「あなたには以前お会いしましたね。ずいぶんと大きくなられましたね。よくここまで来られました。常に成長する努力をなされていて、すばらしいことです。このまま努力を続ければきっとすばらしい銀河大使になられるでしょう。これからの活躍に期待しています。

今回、多くの日本人の方をお連れ下さり、ありがとうございました。あなたはあなたが考えていらっしゃるよりもはるかに多くの貢献をなされているのですよ。自信をお持ちください。いつもいつも愛されているのですよ。心配なさることはありません。私も含め、多くの精霊たちがあなたを愛し、慈しみ、心を寄せて、サポートしてくれています。このままその道をお進みください。何にも心配はないのですよ」

「あなたはアンドロメダ銀河と愛し合っているのですか」

「そうです。深い愛に包まれています。お互いに尊敬し愛し合っています」

「どうもありがとうございました。行かなければ」

ナレーションがV８へ戻るように言っている。

さらに、ＳＳＡＸ内のメモリールームへ行く。

そこでクラスター・カウンシルを待つ。

ここは丸い部屋だ。中央にある丸いテーブルのまわりに、ずらっと存在たちが並んだ。自分もテーブルについている。全員はエネルギー体なのかはっきりとは把握できない。

交信開始。明かりをつけ、パソコンをＯＮにする。

「今つながっているでしょうか？」

「うまく交信ができているので、始めていい」

「あなた方はプレアデス系のトップなのでしょうか？」

「そうだ」

「どういう経緯でここへ来たのでしょうか、私が聞いた話は本当でしょうか？」

「そうだ。時間がないので手短に言う。あなたが聞いたことはすべて真実だ。ラッシェルモアは本来ここにいるべき存在なのだ。ディアナは彼の妻だ」

「えっ、そうなんですか？」

「そうだ」

「なんで私なんですか？」

「彼はあなたには愛情を感じるからだ。我々には愛情を感じない。だから、あなたしかこの任務はできないのだ。やってくれるか。期待している」

「そうですか。あなたはだれですか？」

「トート、知恵を代表する存在だ」

「他にメッセージは？」

「我々全員が後ろについているから、大丈夫だ。安心したまえ」

第7章　ラッシェルモアと会う

翌日2009年11月13日（金）の午後1時からスターラインズⅡが始まった。参加者は27名。アクアヴィジョン・アカデミーのトレーナー8名が全員参加している。全員がミーティング・ルームに集まると、部屋は期待と熱気で一杯になった。今回は日本で初めての開催だから、うなずける。多くの人が待ちわびていたのだ。

翌11月14日（土）、最初のセッションはフォーカス34/35でのフリーフローだ。自分として、やっとラッシェルモアと対峙する覚悟ができた。

ラッシェルモアはこのフォーカス・レベルにいる。以前何回か会ったときは、いつもこのレベルで、地球上空に待機する宇宙船内だった。

彼のダークサイドのパワーに翻弄されて、ネガティブ側に落ちてしまう危険性はゼロではない。でも、ジョークパワーがあるから大丈夫だとみなに太鼓判を押されたのも事実だ。そうは言うが、彼にジョークは通じるのだろうか。

一抹の不安を抱きながら、彼に会う決心をして、このセッションに臨んだ。

フォーカス27の向こうのモンロー研の水晶へ。水晶が草原に立っているのが見える。トレーナーのみーさんがハグしてきた。そのまま地球コアへ。途中で、トレーナーのゆかりさんに変わった感じがする。彼女たちの愛情のエネルギーが今回の手助けになればいいのだが。ガイダンスに従い、地球コアと向こうのモンロー研の水晶の間を何往復かして、そのままフォーカス34／35へ一気に行く。

フォーカス34／35の暗い空間に来た。イメージが安定するのにしばらく時間がかかる。ヴォイジャー8号内にいるのがわかる。動力室と呼ばれる丸い部屋だ。

部屋の壁に大きな開口部が並んでいて、そこを通して宇宙空間が見える。天井はドーム状になっていると感じられるときと、そのまま宇宙が見えるときとがある。ともかく、このフォーカス・レベルやさらに上のレベルは透明度が高く、何かの物が見えても、それがガラス細工のように透けて見えることもある。

この円形の部屋には壁に沿って大きめの座席が並んでいる。通常はみな円の中心を向くように配置されているが、外向きに回して、開口部を通して宇宙を観察することもできる。

なぜか実父が向こう側の座席に座っているのが一瞬見えた。注意を向けると参加者のAさんに変わった。また意識を別のほうへ向けると、実父が見える。変だ。

でも、似たようなことは以前もあったので、気にしないことにする。この意識レベルではよくあることのようだ。他にも参加者たちが何名か把握できる。

座席を外側に回すと開口部の下側に扉があり、そこを通ってＰＯＤ（ポッド、個人用の探査機）に乗り込むことができる。ＰＯＤは直径2メートルほどの球形の宇宙船で、定員は数名。普段はこれでヴォイジャー8号から離れ、参加者は各々、自分の興味のある惑星や星などの探索に出る。

ＰＯＤに乗り、宇宙空間へ出る。ラッシェルモアの宇宙船へ向かうことにする。

漆黒の空間を進んでいく。小さな星が無数に見える。

前回ラッシェルモアに会ったときは、ダークサイドの存在だとは思ってもいなかったので、平静でいたが、今回はどうだろうか。平静を保つことはできるのだろうか。

冷静さを失い、彼に感化されてしまう恐れはないのだろうか。いくらジョークパワーが身に付いたからと言って、太刀打ちできるのだろうか。

一抹の不安がないわけではなかった。

やがて、暗い中に白い宇宙船が見えてきた。中央部が高くなっていて、その縁に沿って窓がいくつも並んでいるのが見える。ラッシェルモアの宇宙船だ。

内部へＰＯＤごと入っていく。

先へ続く通路が見える。いつの間にかＰＯＤから降りて、そこを進んでいく。

大きな部屋へ来た。左側が宇宙船の周辺側なのか丸くなっていて四角い窓が並んでいる。

部屋の中央の一段高くなったところに、フードの付いた黒っぽいマントを着た存在が立っていた。顔ははっきりとは見えない。

「ここへ来ることは予想していた。よく来られた」

ラッシェルモアはそう言うと、向こうへと歩いていった。

彼の後ろ姿には高貴な雰囲気と威厳が感じられた。これは彼の存在そのものから発せられるエネルギーなのだろう。ただ、そこには隠しようのないダークさがあった。

映画『スター・ウォーズ』のパルパティーン（後に皇帝になる）の持つ雰囲気と実によく似ている。高貴だが、どこか怖さがある。怪しく黒く光るベルベットのマントが彼の雰囲気をよく表していた。

彼に従い、窓際の通路を右手方向へ進む。自分は確かにこの人の息子だという感覚がある。不思議だが、何かしらのつながりを感じるのだ。

彼は私を自分の子供だと特別視しているので、愛情とは言わないまでも、私に対して何かしらかの特別な感情を抱いているのが感じられた。

やがて丸い部屋に出た。ここは先ほどの部屋よりは狭い。

部屋の反対側には大きな窓があるのか、暗い宇宙が一望できる。

「我々はすぐれた技術を持っているので、ここから全宇宙が一望できるのだ」

ラッシェルモアは窓（ディスプレイ）を指しながら自慢げにそう言った。

私の方に向き直ると、さらに続けた。

「おまえと力を合わせて、全宇宙を統一していこうではないか。まず手始めに地球からだ。地球を支配しよう。そして太陽系、銀河系のこの部分、さらに銀河系全体を支配するのだ」

彼は自分の言葉に酔いしれているようだった。

私は映画『スター・ウォーズ』のあるシーンを思い出していた。それは暗黒卿であるダース・ベイダーが息子であるルーク・スカイウォーカーに、銀河を親子で支配しようと迫る場面だ。まったくそれと同じ展開になったので、内心、苦笑いせざるをえなかった。

私は、ラッシェルモアには申し訳ないが、地球どころか何かの組織を支配することにもまったく関心がないのだ。関心がないどころか、毛嫌いしている。

ラッシェルモアは私のことを知らな過ぎると思う。もっとそういうことに興味を持つような人を選ぶべきだったのだ。

ラッシェルモアは私の反応を伺っているようだ。私は答えないことにした。

しばらく沈黙が続いた。

「おまえは何かを持ってきたのか。ここへ来たのは何かわけがあるらしいな」

ラッシェルモアは私に対して何かを感じている様子だ。それを必死で探ろうとしている。

私がここに救出するために来たことに感づいたのだろうか。それではまずいことになる。少し焦りが出てきた。

「私はおまえには何か特別な思いを持つのだ。何か長い間忘れていた感覚だ。お前に前に会ってからずっとその感覚を思い出していたのだ」

彼は向こうを向くと、ゆっくりと歩き出した。

何かの感覚を必死に思い出そうとしているようだ。遥か遠い過去のどこかで感じていた何かを。

その何かは徐々に大きくなってきているようだ。

「これは……愛だ。長い間ずっと忘れていたが、これは愛だ」

ラッシェルモアはそうかみしめるように言った。

彼の中で長らく忘れ去られていた愛が輝きを取り戻し始めたのだ。

愛の光は忘却の彼方の、そのまた彼方の、暗みの中に埋没していたが、ひっそりとかすかに生き続けていたらしい。

何重ものベールに被われて、その光は漏れ出ることはなかったが、それでも消え去ってはいなかった。

ラッシェルモアはこちらを向くと言った。

「おまえのことを思うとこの感覚が思い出されてきた。この愛。今、それがどんどん大きくなってくる」

それは彼の中で光り始め、輝き出した。

「そうだ、思い出したぞ。私は純粋な光の一族だったのだ」

オリオンの初期のころのことを思い出したのだろう。彼らは純粋な光の一族と呼ばれていた。

それはまだネガティブなグループとの接触が起こる前のことだ。

見ていると、黒い服が落ち始めた。一枚落ち、二枚落ちと、次々と服が脱げていく。

「そうだ、私は王子だったのだ。光の一族の王子だったのだ」

妻や両親、兄弟たちのことを明らかに思い出したようだ。屋久島で出会った高貴な存在たちが彼の両親だった。

さらに服が落ちていく。それにつれて、服の色が黒から次第に薄くなり、最後に水色のなめらかな服になった。前に比べて少し細身になったようだ。

全身から軽やかなエネルギーが発せられているのが感じられる。それはちょうどディアナと同じ感覚だ。

「私は純粋な光の一族だったのだ。純粋な光の一族！」

彼は両手を天に突き上げると、大きく喜びを表した。全身から透明な光が放たれ始めた。

「この喜び、長い間、すっかり忘れていた感覚だ」

彼はうれしそうに手を上げて踊り始めた。

すると、彼から周りに光が広がっていき、見る間に宇宙船を覆っていた黒い闇が晴れ上がった。さらに光の輪が周りの空間にショックウェーブ（衝撃波）を作って高速で広がっていった。

「そうだ、おまえには悪いことをした。あのデバイスを取り出そう。破壊する」

二つのデバイスが私の体から離れると、窓のほうへと飛んでいき、床に落ちた。

「これであなたは自由だ。私は何とバカなことをしてきたのだろうか。みなに謝らねばならない。何とバカなことをしていたのだ。

あなたはもう自由の身だ。ありがとう。あなたにはやるべきことがあるだろう。好きにするがいい」

私はその場を静かに立ち去り、透明になった宇宙船を離れていった。

宇宙船は次第に小さくなっていった。

何か、まわりで「おめでとう、よくやった」と言っているような印象がある。

「思ったよりも、簡単だったでしょう。後は私たちに任せてください」

そう声が言うのが聞こえる。

忘れないように、ここで明かりを付け、記録をとることにした。何だか肩の荷が下りたような気がする。ほっとした。言われていたように意外とすんなり事が運んだ。ラッシェルモアの救出が無事終了し、ほんとに良かった。

ラッシェルモアのその後

午後のセッションでは、フォーカス42でメモリールームを体験する。

フォーカス34／35でヴォイジャー8号内へ。水晶をチャージして、フォーカス42へ。

フォーカス42に着いた。例の意識の糸のパターンがうっすらと網の目状に見える。

ヴォイジャー8号を宇宙ステーション・アルファ・スクエアードにドックし、宇宙ステーションの中へ入る。

赤いカーペットが敷かれたロビーへ来た。ナレーションに従い、ガラス製のエレベーターに入る。ゆかりさんがいるようだ。他に4、5名いる。ヘルパーたちもいるようだ。

ここでラッシェルモアに直接会おうと思うが、それはできないとのことだ。今はヒーリングのプロセスの途中だからだ。

自分のプライベート・スウィートへ導かれる。

明るい部屋へ来た。奥のメモリールーム内へ入る。

暗い空間だ。そこで交信を開始する。

「ラッシェルモアのその後について教えてもらえますか？」

「彼は今、この宇宙船内で癒しのプロセスにある。奥さんであるディアナと会うこともその過程の重要な要素である。愛情が癒しを加速するのだ」

男性と女性の姿がうっすらと見える。女性は男性の肩ぐらいまでの高さだ。抱き合ったままじっとしている。ゆっくりと噛みしめている様子だ。

「彼はこれからさまざまな癒しのプロセスを経る必要がある。多くのことがらを癒し、解放する必要があるからだ。

彼が戻ってきたことはクラスター・カウンシルにも、プレアデス系全体にも大きな影響がある。その元になったオリオン系にも影響がある。

また、地球の人類にも大きな影響がある。彼の影響下にあった多く人が解放された。また、彼の下で働いていた異星人たちも、その影響から解放されたので、今、癒しと教育のプロセスへと導かれている」

気がつくと、少しぼーっとしていた。ここは、この場にいるだけで癒される感じがする。ちょっと意識の集中を切らすと、眠りのほうへ入っていきやすい。

「あなた自身にも大きな影響がある。解放のプロセスはこれでスムーズに進むことができる。ここで癒されるのがいいだろう」

別の機会に聞いたのだが、癒しのプロセスを終えたラッシェルモアは役目を終え、クラスター・カウンシルの集合意識の中に戻ったということである。つまり、ラッシェルモアという個別の存在としては表出しないとのことだ。

ラッシェルモアはなぜ地球へ来たか

次のセッションでは、フォーカス42でアークトゥルスとプレアデス星団を訪れる。これまでにも何度も訪れているが、今回はどういう体験になることか。

アークトゥルスへ。

球体がうっすらと見えてきた。赤い表面に黒いパターンがある。球のまわりにもいろいろな線が見える。

球が消え、線だけが多数見え、かごのような形になっているようだ。どこに意識を合わせるかで見え方が異なる。

星自体の意識と交信する。

「我々はこの銀河系へ知恵を伝えるためにやってきた。知ってのとおり、我々は別の銀河に属していたが、銀河系との衝突により、銀河系内部へ取り込まれた。これは銀河系のこの部分の星たちにとっては素晴らしいことだ。我々の持つ英知をもらうことができるからだ。我々は銀河系が生まれるはるか昔から存在している。我々の役割は宇宙の伝道師だ。情報を伝えていく。若い星たちの知らない知恵を伝えるのだ」

「どういう知恵があるのですか」

「星の維持運営自体の知恵、これもけっこう大変なのだ」

「もう行かなければ。どうもありがとうございました」

次にプレアデス星団へ。

高次の意識存在と交信する。

「あなたは我々のメンバーの中で重要な役割を担っています。今回はどうもありがとうございました。大変な任務でしたが、みごとに果たされてすばらしいことです」

「前から計画されていたのですか」

「はい。かなり以前から、念入りに計画されていました。ラッシェルモアは相当のネガティブな存在ですので、その意識を変えることはかなり難しくなっていました。

何億年も前から救出は試みられてきたのですが、適任者がいないということもあり、うまく行かなかったのです。

それ以上に、彼の影響が広がるのを恐れていた面もありました。多くの人が二の足を踏んでいたのです。あなたはまだかくまわれていた状態でしたので、そういう役割には適していませんでした。

そういう形で時が過ぎていきました。そんな中、彼は地球のことに気づき、地球へとやってきました。

　これで、ある意味、我々にチャンスを与えてくれる可能性が出てきました。これまでとは違う環境になりますので。これまでは、彼は彼の帝国で多くの部下を配下に置き、帝国を支配していたのです。地球に移る際に、彼はそれを手放しました。もう興味がなかったのが理由です」

「なんで興味がなくなったのですか？」

「女性のためです」

「女性？」

「彼が気にかけていた女性が地球へと逃げていったのです」

「気にかけていたということは愛情があったのですか？」

「はい。でも、自己中心的な愛です。彼女のすべてを所有したいという欲からのものです」

「で、彼女はそれがいやで逃げたのですね」

「そうです。いやでいやでたまらなかったのです。彼女自身もある意味、自己中心的な女性でした。女王様的な意識の持ち主です。わかりますか？」

「はい、みなが自分をあがめないといけないと思っている女性ですよね」

「そうです。だから、彼女もネガティブな発想の持ち主でした。でも、彼に支配されたくないので、逃げたのです。そして地球という新しい場所のことを聞きつけ、そこへジャンプして行ったのです」

「彼女は今何をしていますか？」

「一度人間になるとそれまでの記憶をすっかり忘れてしまうのです。彼女は、それを望んでいたのですが。そのとおりになりました。

地球のいい点は、ネガティブな人もポジティブな人もいろいろ混ざっているところです。ですから、ポジティブな発想を受け入れるようになることも可能なのです。もちろん、ますますネガティブになることも可能です。その点、彼女は立派でした。地球に来てから、ずいぶんとポジティブになっていきました」

「ラッシェルモアは彼女の居場所を突き止めたのですか？」

「いいえ、それは彼女がかなり変貌を遂げたので、難しくなったためです。彼女はガイドたちに守られている面もあります」

「彼女は今どこにいるのですか？」

「アメリカ人女性です。モンロー研で一度会ってるはずですよ」

「そうですか、だれだろう。で、今回の作戦に彼女は使わなかったのですか？」

「彼女の了解が得られませんでした」

「そうですか。じゃ、私の了解は得たのですか？」

「はい。あなたの上のほうの意識は了解しています」

「そうだったんですか。知らなかった」

セッション終了のビーッという音が聞こえてきた。

「どうもありがとうございます。今回はアナウンスをしなければならないので、このへんで終わりにします」

ラッシェルモアの一件を今はこう見ている

今この本を書いている時点で、このラッシェルモアの一件をどう理解しているかということをお話ししたい。特に登場人物の関係性についてどう理解しているかという点である。

そのために、登場する人たちを列挙し、整理してみる。

◆ラッシェルモア

皇帝になったときのラッシェルモアは肉体を持った存在だった。第5密度以上の存在は非物質で、物質的な体を持たないことを考えると、その段階の彼はおそらく第4密度の存在だったと思われる。

ただ、元々はクラスター・カウンシルのメンバーだったと言う。

クラスター・カウンシルという場合、これまで二通りの意味があったように思われる。ひとつはフォーカス49にあるスーパークラスターの代表者という意味と、もうひとつはフォーカス42にあるＩＴクラスターの代表者という意味である。共にだいたい同じメンバーがいるのだが、フォーカス42にはフォーカス42バージョンがいる。

ここまでの体験録を読み返すと、ラッシェルモアは元々はフォーカス42にいる存在だった。密度的には第5から第6程度か。

◆ディアナ

クラスター・カウンシルのメンバー。彼女はフォーカス49にも42にも存在する。ラッシェルモアの妻（子供たちを創造するときのパートナー）というのはフォーカス42バージョンだと思われる。

◆屋久島に隠れ住んでいた王と王妃

第4密度の存在になったラッシェルモアの肉体上の両親。第4密度の存在だと考えられる。

◆モンローと私

ラッシェルモアがフォーカス42レベルのクラスター・カウンシルのメンバーだったときに、ディアナとの間に生まれた子供たちの中のふたり。これはひとつのITクラスターから創造のプロセスを経ていくつもの部分が分離して生み出されたことを意味する。そのひとつが私。原初の私と言って良い。その後、それぞれの部分が多数の生命体験をしてそれぞれにI／Thereを形成した。

ここでいくつか疑問点が出てくる。

(1) 疑問1

まず、皇帝になった第4密度のラッシェルモアは、元々はクラスター・カウンシルのメンバーだったということ。皇帝になった時点で、クラスター・カウンシルのメンバーとしてのラッシェルモアは存在していないということ。

つまり、クラスター・カウンシルのメンバーが第4密度に堕ちたということになる。

そういうことはありえるのだろうか？

クラスター・カウンシルのメンバーが第4密度に堕ちてダークサイドの皇帝になったということは、まるでキリスト教における堕天使ルシファーのような話だ。ルシファーは元々全天使の長だったが、神と対立し、天を追放されて神の敵対者になった。サタンの別名とされる。

キリスト教にそういう話があるということは、逆に言えば、ありえることなのかもしれない。

ただ私は別の仮説を考える。

＊　　＊　　＊

仮説

クラスター・カウンシルは宇宙をポジティブとネガティブという両極性を通して理解しようと思い立った。

それを実行するために、ラッシェルモアが志願し、意図的にネガティブな側面を体現した存在として第4密度の世界へ入っていった。その思わく通り、彼は皇帝までになって思う存分ネガティブ側を体験した。また多くの人たちがネガティブ側を経験することになった。

ところが、一度ダークサイドに堕ちてしまうと、ラッシェルモアは自分の素性をすっかり忘れてしまった。そのため、彼とクラスター・カウンシルとのつながりは切れてしまった。

＊　　＊　　＊

我々の属するITスーパークラスターは銀河系内の我々の近傍の領域やいくつか他の領域、さらにはアンドロメダ銀河内など多くの領域を探索している。その一つのテーマに、ポジティブとネガティブという両極性の体験と両者の統合があるようだ。地球はその最終章のための場だと言われている。

そのテーマを実行すべく、クラスター・カウンシルのメンバーであったラッシェルモアが志願したというこの仮説は、単に第4密度に堕ちたと考えるよりも、説得力があるように思う。

(2) 疑問2

もうひとつ疑問点がある。

それは、モンローと私がラッシェルモアの子供で、プレアデス星団に隠されたというが、それはどの段階での話なのかという疑問である。

ラッシェルモアがクラスター・カウンシルのメンバーだったときの子供としての私（原初の私）が生み出されてすぐにプレアデスに隠されたと考えるとつじつまが合わなくなってくる。

というのは、私はオリオンの星々やデネブなどでいくつもの生命体験をしているのだ。私はプレアデスから地球に直接来ているので、オリオンの星々やデネブなどでの体験は一体いつのことなのか、ということになる。

これを解くには、モンローと私が彼の子供だったというのは、二つの意味でそうだったと解釈せざるをえない。

まずひとつは上述したように、ラッシェルモアがクラスター・カウンシルのメンバーだったときにディアナとの間に生まれた子供という意味である。ただ、これは原初の私であり、肉体をもった状態ではなく、非物質の生命エネルギーという状態である。この原初の私はその後いくつもの生命体験をしている。

もうひとつは、第4密度の存在としてのラッシェルモアの肉体上の子供という意味である。通常の意味での子供である。

原初の私は、オリオンの星々やデネブなどでいくつもの生命体験をした後、第4密度のラッシェルモアの肉体上の子供として生まれた。その後、私はプレアデスへ連れていかれ、そこにかくまわれた。

つまり、ラッシェルモアがまだクラスター・カウンシルのメンバーだったときに、ラッシェルモアを父とし、ディアナを母として原初の私は生み出された。

その後、いくつもの生命体験の後、第4密度のラッシェルモアを父として、肉体をもった形でも生まれた（そのときの母はディアナではない）。

そういう2つの意味で、ラッシェルモアは私の父だと解釈する必要がある。

以上がこの件についての今の段階での理解である。

ラッシェルモア救出の意義

ラッシェルモアがダークサイドから救出されたことは、私個人だけでなく、人類全体にとっても、さらにはオリオンやプレアデスなどの人類型生命にとっても大きな意義があるとのことだ。

その理由はこうだ。

我々、人類型生命はこの宇宙をポジティブとネガティブという両極性を通して理解しようとした。そのためには、両極を体験する必要があった。ポジティブもネガティブもとことん体験した後、最終的には両者を統合する必要があった。

統合するとは、ポジティブな体験もネガティブな体験も共に「大いなるすべて」の価値ある側面として受け入れることである。ネガティブな体験を切り捨てるのではない。切り捨てている限り、統合されていないのである。

ラッシェルモアや彼に影響されていた多くの人たちはITスーパークラスターから切り離された状態にあった。それが、救出されたことによってITスーパークラスターの中へ戻ることができた。それは、彼らのしたネガティブな体験がすべて受け入れられたことを意味している。

つまり、彼らに関する部分での統合は済んだということになる。

ただ、ラッシェルモア以外にもまだダークサイドの宇宙人はいるし、彼らに影響された人たちもいる。

従って、ITスーパークラスターのレベルで、ポジティブとネガティブの統合が完了したわけではない。ただ、少なくともその方向へ大きく前進したことは事実だ。

だからこそ、ラッシェルモアの救出は大きな意義があったとされるのである。

実の父との葛藤

次に、私個人に対しての意義という観点からお話しする。

実は、私個人としてラッシェルモアの救出と関連しているのではないかと思われることがある。それは実の父との間の葛藤とその解消である。それは直接関連しているようには見えないのだが、何らかのつながりがあるように思えてならない。

私は小さいころから父親に対して強い恐怖心を抱いていた。それがそのまま世の中すべてに対する恐怖心になったとガイドに言われたことがある。

恐怖心の原因は父に怒られることが日常茶飯事だったことがある。父はイライラしていることが多く、些細なことで怒られた。

へミシンクを聴いて母親のお腹の中にいたときまで退行してみると、そのときからすでに恐怖心を持っていた。そしてどなられる母親を守ろうと思っていた。

幼少期から成人するまで父は恐怖と憎しみの対象だった。

私は恐怖心のために、ハートが小さく縮み込んでいた。自己防衛からできるだけ感じないようにしていた。

父親からどなられて、怯えて閉じこもってしまった子供の自分が何人もいるように思えた。いわゆるインナーチャイルドと呼ばれる傷ついた子供である。

こういった子供の自分を救出しようとヘミシンクを聴き始めた初期の段階から試みていたが、なかなか難しかった。過去世の自分はけっこう救出したが、幼少期の自分はまったくと言っていいほど救出できなかった。

がっちりと守りこんで、そこには一歩も踏み込めないという状況だった。

ところが、去年ぐらいからやっと少しずつ救出できるようになった。

「お父さん、なんでそんなに怒るんだ」と怯えている自分、そういう表現する言葉もないころの、ただ恐怖に縮こまっている小さな自分。そういう自分たちを救出した。ただ、まだ完全には救出しきれていないようには思える。

今ふと気づいたのだが、こういった恐怖心の裏には、父に認められたいという強い思いがあったのではないか。これまでは父に対する恐怖心にばかり意識が行っていて、そういう思いをしっかりとは自覚していなかった。

勉強して東大に入ったのも認められたいという思いからだった可能性が高い。当時はそういう可能性は考えもしなかったが。

父に認められたいという思いは潜在意識にあるのか、これまで自分がそういう思いを持っていたとは気づかなかった。

いずれにせよ、その後の人生で父親の期待には十二分に応えてきたつもりなので、認められたいという思いはとっくの昔に満たされているはずだと思う。

念のため、これまでの人生で父に認められていると実感した出来事を思いつくままに書き出してみた（具体的なところは、個人的なことなので割愛したい）。

今、この部分を書きながら、なぜだか涙が止まらなくなった。認められてうれしいという思いが込み上げてきた。

こんなに認められたいと思っている自分がいたとは今まで気がつかなかった。自分が認められたことを文に書き出すことで、そういう自分にそのことがしっかりと伝わったということなのだろうか。父に認められた、ということがこれまで潜在意識にうまく伝わっていなかったようだ。

子どものころの自分は、父に認めてほしいと必死に叫んでいた。そして、そういう思いが潜在的にはいまだにあったようだ。

別の言い方をすれば、認めてほしいと必死に叫んでいる子供のときの自分が、今の自分とは別人格として存在し、ずっと癒されずにいた。それが認められたことを知り、癒されたということになる。モンロー研的な言い方では、救出されたということだ。

ただ、そういう思いを持つ子供時代のすべての自分が救出されたのか、まだ残っているのかはわからない。


今から思うに、私は父の悪い面ばかりに目が行っていたが、良い面の影響を少なからず受けていた。父親の良い面は自分の中で理想像となっていたのだと思う。時間厳守になったのも、勉強が大好きで努力することが苦でなかったのも、そういう父の持つ良い面を知らず知らずにまねした結果だと思う。

今までこういう父の良い面からの影響について、素直に認めていなかったかもしれない。

父に対するわだかまりが解けたような感じがする。もうとっくに解けたと思っていたが、少し残っていたようだ。父親をどこか許していなかったのかもしれない。それが許すとか許さないとかではなく、問題自体が解けて、消え去ったように思う。

これは別の視点から見ることもできる。

よく言われることだが、ある人のことを嫌ってる場合、本当は自分の中にある、その人で象徴される側面を嫌っているのだ。

たとえば、Aさんというすごく自分勝手な人がいたとする。あなたはAさんが大嫌いだったとしよう。その場合、実は自分の中のAさんで象徴される側面、つまり、すごく自分勝手なところが大嫌いなのだ。そういう自分のことを見たくないし、認めたくない。Aさんがそれを象徴的に見せてくれているのである。

これを私の場合に当てはめると、こうなる。

私は父のことを嫌っていたが、それは自分の中にある父で象徴される側面を嫌っていたことになる。それは自分勝手で、怒りっぽい自分である。

父とのわだかまりが解消したということは、言い換えれば、父で象徴されていた自分の側面を受け入れることができたということなのだと思う。

それは、今まで否定していた自分の一側面であり、自分のネガティブな側面の一部を受け入れたということである。

私を育み、育ててくれた父に感謝したい。

ところで、ラッシェルモアの救出はＩＴスーパークラスターとしてのネガティブな側面（のひとつ）の救出であった。

それに対して、父との間の葛藤の解消は、自分の中のネガティブな側面（のひとつ）の救出だったと思う。

やはり、両者には関連性があったのだ。

「上の如く下も然り」という言葉があるように、上の次元で起こることは下の次元で起こることに密接に結びついているのである。

ちょうどここを書き終えたときに、娘が居間でなにやら嬉しそうな声を上げた。「カクシツが取れた！」と叫んでいる。

何？　娘も誰かとの間に確執があったのか、と思っていると、娘が私の部屋へ入ってきた。

「お父さん、見て。カクシツが取れた」

見ると、かかとの角質がきれいにはがれていた。靴下のようなものに薬がしみこませてあって、それを一晩はくと、はがれたそうだ。

父と共に

第8章　ハワイ島訪問

屋久島には、オリオンでの戦いから地球へ逃れてきて、隠れ住んでいる生命体たちがいた。同じような場所が屋久島以外にもあった。それはハワイ島である。

2010年3月、出版社の企画でハワイ島を訪れた。屋久島のときと同じように、パワースポットとして名高いハワイ島でヘミシンクを聴いてみようという企画である。

このときの体験について詳しくは『地球のハートチャクラにつながる』（アメーバブックス新社）に譲り、ここでは本書に関連する部分のみ紹介したい。なお、この本は『屋久島でヘミシンク』同様、絶版となっている。新品はアクアヴィジョンのウェブサイトでのみ販売されている。

到着した3月8日の晩は疲れていたので、午後9時半にはベッドにもぐりこんだ。ところが眠りが浅くて、真夜中の12時には起きてしまった。時差ぼけのためだ。

通常海外に出るときは時差ぼけ対策にメラトニンを飲むことにしている。メラトニンは夜になると自然に脳内で生まれるホルモンである。その錠剤は日本では市販されていないが、アメリカではドラッグストアで普通に売られている。そのときはメラトニンを飲むのを忘れたため、それから先はほとんど眠れなかった。午前2時半に起き上がり、リビングルームでヘミシンクを聴くことにした。

レゾナント・チューニングを小声で行なう。その最後のところで、意識を頭のてっぺん第7チャクラに向けると、意識が高い振動数になった。すると、すぐに女性的な存在たちとの交信が始まった。

「私たちはあなたのことをずっと好奇心を持って見てきたのですよ」

とても軽やかな感覚だ。

「あなたがたはどういう存在ですか？」

「あなたもよく知っている女神たち、プレアデスから来た光の存在たちです。地球のさまざまな聖地と言われている地に私たちの一族は住みつきました。あなたの知っているグループのようにオリオンから逃げてきたのではなく、早い段階でプレアデスへ移ったポジティブな生命体たちがさらに地球へやってきたのです。こういう存在たちは地球中のいろいろな地に根付きました」

軽やかな感覚は屋久島で会った存在たちやディアナと同じだ。

「あなたも同じ感覚を持っているのですよ。プレアデスの光、さらに元をたどればオリオンの光の一族。私たちは同根なのです」

「そうですか。それはうれしいです。あなたたちはここで何をしているのですか？」

「他の多くの聖地と同じで、この場は上からのエネルギーの流れと下から、大地からの大きなエネルギーの流れがあります。あなたも気がつきましたが、この地は大地のエネルギーが強固ですね。でも、上からの流れもしっかりとあるのですよ。ですから、私たちはこの地が居心地がいいのです。安住することができます。そして、エネルギーの流れが滞らないように手助けしています。もちろん、私たちの手助けなしでも、この地は十分にそのバランスを保てるのです。それだけここは場がいいのです」

「どうしてここはそんなに場がいいのですか？」

「世界最大の火山なので、地中深くからの大地のエネルギーが湧き出ています。それは素晴らしいエネルギーの流れを作っています。また、高い意識レベルからのエネルギーの流れ込みがあります。それはこの地点の地球上の位置に関係します。グリッドについて聞いたことがありますよね」

「はい」

「地球のエネルギー場の作る格子状のパターンです。それをグリッド（格子）と呼びます。ご存知のように特定の形状をしています。そしてハワイのある位置は北緯19度で、星形八面体の形から出てくる位置です。あなたも知っているように、これが今後変わっていきます。地球が第3密度から第4密度へ移るにつれ、このパターンも変わるのです」

「ハワイは火山でなくなるのですか？」

「はい。時間をかけて、徐々に火山活動は終焉します。そして新たな地点がパワースポットになっていきます」

「そうですか、それは残念ですね」

「そういうことは今までにもありました。地球上でかつてのパワースポットが別の地点に移ったということは何億年も前からちょくちょく起きています。過去に大地溝帯であったようなところはそうです。話が少しそれました。私たちはあなたにお伝えしたいことがあります」

「え！　また何ですか？」

「そんなにびっくりなさらなくてもいいです。これはあなたのアセンションについてのことです。あなたは何でハワイまで来たのかと思ってらっしゃるかもしれませんね。ここは大地のエネルギーが強くて、ともすれば物質界の振動数に一致する方向へ振動数を下げるのではないのか、そうあなたはお考えですよね」

「はい。上へ上がるのではなく、なんだか下へ行くような」

「はい、わかります。**でも、アセンションには両方が必要なのです。しっかりと地球に根付くこと。大地と一体になること、それがとても重要で、それと同時に上の意識へも行くのです。**いわば、ゴム紐の一端を地球に固定して、もう一端を上へとひっぱるのです。意識を大きく引き伸ばすことがとても大切なのです。単に上のほうへ行くだけでなく。この話は前にも聞いたことがありますよね?」

「はい。そうですね」

「**大地としっかりつながるために、今回はハワイ島に来たのです。**もう感じてらっしゃいますが、ここはいるだけで、大地に深くつながるようになります」

「そうですね。なんだか大地の中に半分めり込んだような変な感覚があります。重たいというか、重力が強いというか。大地のゆっくりとした振動数に引きずられるような感じがあります。第1チャクラとか、下のほうのチャクラが活性化されているような感覚もあります。生命力、安定感、そういうものがしっかりとあり、地に足がついて、根付いている感じです」

「この感覚をしっかりと覚えておいてくださいね。あなたはともすれば知的な情報に興味を向ける傾向がありますが、感覚とか体感というほうにも意識を向けるようにしてくださいね」

「わかりました。どうもありがとう」

大地とのつながりを強固にすること。それがアセンションにとって重要な要素なのだというメッセージを受け取った。

それから、この生命体の言ったことのひとつに注目すべきことがある。それは、プレアデスから来た生命体が地球のさまざまな地に根付いたということだ。それは、天からと地からのエネルギーの流れのいい場で、いわゆる聖地と呼ばれるところだ。

ハワイ島もそのひとつだが、他にもあるとのことだ。

ワイピオ渓谷

翌3月10日、東海岸を目指して国道19号を島の内部へ向かって進んだ。途中ワイメアという町で昼食をとる。

さらに東進。パーカー牧場が両側に広がる。牛や馬、羊が広々とした緑の草原に放牧されている。

枯れた草原に灌木がわずかに生える西側と違って、東に向かうにつれて緑の木々が増える。初めは乾燥地に適したユーカリが多くみられたが、進むにつれ、それ以外の大木も増えてくる。次第に熱帯ジャングル的な様相を呈してくる。

東海岸に達する手前で19号を離れ、海岸に平行に走る道へ左折して入る。田舎町ホノカアを通り抜け、緑濃い木々の中を走ると、午後1時少し前にワイピオ渓谷を見降ろす展望台へ到着した。

ここからの眺望は思わず息を飲むものがある。まずその高さだ。たぶん400メートルはあるだろうか。そして前方1キロほどに峡谷の反対側の絶壁が薄くかすんで見える。その側面は濃い緑の木々で覆われている。そして底には湿潤な平地が見え、それが海岸まで続いている。その右手には太平洋が広がり、白い波を浜辺に打ち付けている。

ここには屋久島で感じたのと同じような、霞に覆われた湿潤な森という印象が漂う。太平洋の波のもたらす湿気と、急峻な土地柄。その組み合わせがそういう印象を生みだすのだろうか。

ワイピオ峡谷はハワイ島の中でもっとも神聖な場所だと言われている。何人もの偉大な族長がここには埋葬されていて、そのマナ（霊力）が村人を守っているとのことだ。そのお陰で1946年津波に襲われたときに、一人の死者も出なかったそうだ。

ワイピオ渓谷を見下ろす展望台でヘミシンクを聴く。


ガイドたちの手助けをお願いする。

「この渓谷にいる精霊たちとコンタクトしたいです」

「何であるか、先ほどからあなたたちのことを、好奇心を持って見ていたが、ここで何をしているのだ」

「こういう霊的に高いところを探索しています」

「我々はこの渓谷に住み、ここを守る精霊たちだ」

ここでフォーカス12へ移行する。

「そう、そのほうがさらに交信しやすいだろう。我々（男性の声）、私たち（女性の声）は、屋久島の存在たちと同じように、プレアデスからやってきました。彼らのことはよく存じています（女性の声）」

「ここへどういういきさつで来たのですか？」

「私たちもオリオンでの戦いから逃れてきたのです。ここの渓谷は深い谷の構造が天然の要塞の役割を果たしています。ですから、このエネルギー場の中にひそかに隠れることが可能なのです。こうしていると、周りからは気づかれなくて済むのです。私たちは何億年も前にオリオンを離れ、プレアデス経由で、このハワイの地に逃げ込んだのです。それ以来ここに隠れ住んでいました。でも、このたび、屋久島の存在たち同様、私たちもここから離れることができるようになりました。２０１２年に向けてエネルギーが増大しているので、それが可能となったのです。

ここへ来てくださってありがとうございました。」

「じゃ、あなたがたも屋久島の存在たちと同じなんですね？」

「はい、ほとんど同じです。ただ、私たちは彼らほどには直接的には追われていませんでした。オリオンのほかの星にいて、周りの星が順にダークサイドに侵略され始めたので、自分たちの星が侵略を受ける前に、自ら脱出してきました。そして、プレアデスへと逃げ、そこで地球のことを知り、地球へ向かったのです」

「この渓谷のどこがそんなにすごいのですか？」

「この険しい谷がエネルギーを集める効果があるのです。天と地の両方からエネルギーを集めることができるのです。そのため、自然に強固なバリアが形成されます。その中にいるものを外部から守り、外部から異質なものが入るのを遮蔽するのです。天然のリーボールと言っていいでしょう」

「ハワイには他にも似た渓谷はありますよね。カウアイ島にも大きな峡谷があります。行ったことがあります。あそこはどうなんでしょうか？」（この峡谷について帰宅後、名前を調べた。カララウ峡谷だとわかる）

「少し、幅が広すぎるため、傾斜がここほどにはきつくなっていません。そのため、できるエネルギーも小さくなります。崖の傾きがきついほど、集める力は強くなりますが、谷底の幅が広すぎると、集める力が弱まり、狭すぎると集まるエネルギーの絶対量が小さくなります」

「あなたがたは古代ハワイアンによって認知されていたのですか？」

「はい、彼らは私たちのことを知っていました。そして精霊として、神として崇めていました。彼らの信仰には古い部分もありますが、私たちに対する崇拝の念にはすばらしいものがありました」

「あなたがたは彼らに宗教的な真理や政治、経済、社会などを教えたりしましたか？」

「ほとんどしていません。彼らの自由に任せました。私たちは地元の人たちにはほとんど干渉しないことにしているのです」

「そうなんですか。彼らはいけにえを捧げたりしましたが、それもＯＫとしていたのですか？」
「そうです。私たちは干渉しないことにしていますので」
「わかりました。それではどうもありがとうございました」

このワイピオ峡谷には、屋久島と似たような場のエネルギーを感じる。湿気があり、霞に覆われていて、何かを隠すような感覚。それに高い意識レベルへのエネルギーの流れと逆に高い意識レベルからの流れ。そういう場が、似たような生命体たちを呼び、また、彼らがそういうエネルギーをさらに強固にしている。

屋久島やワイピオ峡谷のように、オリオンから逃れてきた生命体たちが隠れているところは他にもあるのかもしれない。

そういう生命体たちも地球のアセンションに乗じて、その場から離れていくことができるのだろう。

私は自分に関連する生命体がいるところへ導かれていき、そのお手伝いをしているようだ。他にもそういう場はたくさんあるだろうが、それぞれ関連する人が導かれていき、必要な手助けをしていると思う。

次にお話しする三輪山もそういった場のひとつだった。

第9章　三輪山にオリオン人によって封印されていたシリウス系龍型生命体

人類史上、ジンギスカンやヒトラーなど多くの人がオリオン・グループのネガティブな宇宙人の影響下にあったようだ。

そういったひとりに古代日本における大豪族である物部氏の祖先がいる。

私がそれを知った経緯はこうである。

『ベールを脱いだ日本古代史』（ハート出版）に書いたのだが、２０１１年2月に私はひょんなことから三輪山を訪れることになった。そして三輪山の頂上までいくと、そこに長らく封印されていた龍型の生命体を解放することができた。龍は宇宙空間に待っていた宇宙船へ戻ることができた。

この龍は元々はシリウスから来た知的生命体で、縄文時代から地元の人々と交流していた。大物主（おおものぬし）という名前の蛇神として『古事記』や『日本書紀』に登場する。文字どおりけっこう大物の生命体なのだ。

私は過去世のひとつで、縄文時代末期（紀元前6世紀ごろ）にこの地の族長兼シャーマンを

写真は三輪山とその手前にある箸墓古墳

やっていた。そのときに、三輪山の頂上で儀式を行ない、この龍と交流し、その宇宙船まで行っていた。

3世紀後半の別の過去世でも三輪山で交流があったようだ。

そういうわけで、２０１１年2月に三輪山の頂上まで私が行くと、龍は見慣れた人がやってきたのでほっとしたのか、封印が解けたようだ。

だれが封印したのかと言うと、古代の氏族である物部の祖・伊香色雄（いかがしこお）である。それは第10代崇神天皇の御世の初めのころのことだ。3世紀後半のことと推測される。『日本書紀』によると、崇神天皇の治世の5年に国中に疫病が流行り、民の大半が死んだ。さらに6年には百姓が離散し、反逆する者も出た。

そのため、ふたりの皇女に神々を祀らせると、倭迹迹日百襲姫（やまとととひももそひめ）が神懸かりして「三輪山の大物主神を祀るように」との神託を得た。さらに、3人の臣下が「大田田根子（おおたたねこ）に大物主神を祀らせれば、必ず天下は平らぐだろう」という夢を見た。

そこで大田田根子を探させると、茅渟県（ちぬのあがた）の陶邑（すえむら）に大田田根子を見つけることができた。『日本書紀』では大田田根子は大物主神の子、『古事記』では4世孫となっている。いずれにせよ、これで疫病は収まり、世に平穏が戻った。

また、このとき、物部・伊香色雄を神班物者（かみのものあかつひと）（神に捧げるものを分つ人）に任じた。さらに、物部の八十平瓮（やそひらか）を祭神の物とすることを命じられた。八十平瓮とは神事に使われる多数の平皿のことである。物部氏が大物主神を祀る神事に大きく関わるようになったことがわかる。

『ベールを脱いだ日本古代史』に詳しく書いたのだが、この物部・伊香色雄の行なった神事とは、大物主神を、つまり龍型シリウス生命体を三輪山に封印する儀式だった。物部・伊香色雄はオリオン・グループの宇宙人とつながっていて、その霊力で封印することができたのだ。

この儀式は伊勢神宮の内宮で今でも密かに行なわれている。「心の御柱」と呼ばれるものだ。大嘗祭でも同じ儀式が行なわれている。

また鎮魂祭という形で、宮中や、島根県の物部神社、奈良県の石上（いそのかみ）神宮、新潟県の弥彦（いやひこ）神社で今でも行なわれている。その儀式によって、さまざまなものの霊を封印しているのだ。

ここで鎮魂祭は、宮中の場合、新嘗祭の前日の11月22日に行なわれる。天皇の魂の活力を高めるための儀式と考えられているが、本当はどういう意味だろうか。

鎮魂とは、本来の意味は、恨みを持って死んだ人の霊が祟るのを恐れた人たちが、その御霊を鎮めるために行なうものである。怒りや恨みを抑え込むということは、封印するということだ。

恨みや怒りを持って死んだ人たちを封印することで、天皇の心身に悪い影響が及ばないようにするということである。天皇に対して恨みを抱いて死んだ人が大勢いたことを知っているからこそ、彼らの祟りを天皇は恐れ、その人たちの霊を鎮める（鎮魂する、封印する）ことが必要だったのだ。

そういう鎮魂の儀式を宮中や石上神宮、物部神社、弥彦神社では今でも毎年行なっている。ということは、逆に言えば、この儀式を行なう人たちが過去にいかに恨まれたか、そして彼らがいかにその恨みを恐れたか、ということを如実に表している。

ただ、こういう儀式は今では形骸化しているので、儀式を執り行なう神官たちが今なおオリオン系の宇宙人とつながっているとは考えにくい。

だからと言って過去に封印された者たちの封印が解けたわけではない。いまだに封印されたままの者たちが残されている可能性はある。

おそらくそれぞれに関連する人たちが今、導かれるようにその場に行き、封印を解いているのではないだろうか。

大甕神社

そういう意味で前から気になっている神社がひとつある。それは茨城県日立市にある大甕（おおみか）神社だ。

ここには大和朝廷に最後まで抵抗した天津甕星（あまつみかぼし）が封印されている可能性がある。

社殿によれば天津甕星は常陸国の大甕に居を構えて東国を支配していたという。「日本書紀」によると、経津主神（ふつぬしのかみ）・武甕槌命（たけみかづちのみこと）は葦原中国（あしはらのなかつくに）のまつろわぬ悪神をことごとく平定したが、天津甕星だけは服従しなかった。そこで倭文神（しとりがみ）・建葉槌命（たけはづちのみこと）を遣わし懐柔した。

大甕神社にある宿魂石は天津甕星が化身したものとされる。その上にそれを抑え込むように建葉槌命を祭神とする社殿が建っている。
いずれ訪れてみたいと思っている。

瀬織津姫

『伊勢神宮に秘められた謎』（ハート出版）に書いたが、瀬織津姫（せおりつひめ）という女神が日本各地で水や浄化の女神として祀られていた。それが、天武天皇が本来男神である天照大神を女神とし、さらに、天照大神を中心とする神道体系を編み出し、押し広めていく過程で、徹底的に排除されてしまった。

その過程で、封印されてしまった女神もいる。彼女たちはディアナの分身たちだが、三輪山の大物主神（シリウス系龍神）が封印されていたのと同じように、各地に封印されている可能性がある。

こういう女神たちについても、関連する人たちがそこへ導かれてゆき、封印を解いていると思われる。

そういったひとりに山水治夫氏がいる。彼とは２０１３年に対談したことがある（「スターピープルｖｏｌ47」（ナチュラルスピリット刊））。

山水氏は全国各地の瀬織津姫を祀っていると思われる神社を訪れ、自身の作詞作曲したＣＤ

を奉納している。特に彼の本の読者からの情報で、山奥の忘れ去られたような神社を探し出し、奉納するということを地道に何年もなされている。

これはおそらく封印を解くということなのだと思う。

山水氏以外にも人知れず、同様のことをされている人もいるに違いない。

石上神宮

ところで、奈良にある石上（いそのかみ）神宮は布都御魂剣（ふつのみたまのつるぎ）という剣を御神体とする。古代の大豪族である物部氏と深い関連がある。

石上神宮の社殿によれば、この剣は武甕槌（たけみかづち）と経津主（ふつぬし）の二神が葦原中国（あしはらのなかつくに）を平定する際に使った剣である。その後、神武東征の際に、神武天皇が熊野で危機に陥った時、天照大神から高倉下（たかくらじ）を通して神武天皇の元に渡った。

この剣はその後宮中で祀られていたが、崇神天皇7年、勅命により物部・伊香色雄が現在地に遷（うつ）し、「石上大神」として祀った。それが石上神宮の始まりとされる。

こうした経緯から物部氏は石上神宮を祀るようになった。

私が注目するのは、物部氏とこの剣の関係である。前に書いたように物部・伊香色雄はオリオン・グループとつながっていた。

その物部氏と関連の深い石上神宮の御神体が剣ということは実に象徴的である。

考えてみてほしい。慈悲深い神が、戦いの象徴である剣をシンボルとするだろうか。

剣を御神体としていること自体、ここがオリオンとつながっていた（いる）ことを如実に表していると思う。

今なおつながっているのかどうかはわからない。

ただ、私は石上神宮を訪れたときに実に奇妙な体験をしている。『ベールを脱いだ日本古代史』に書いたが、カーナビに従って車で行ったのだが、なぜかうまく行きつけないのだ。通り越してしまったり、逆の方から来たら、うまく曲がれなかったりで、なかなか行きつけなかった。

何度か行き来して、やっと行き着いたのだが、不思議なことに、後でそのときのことをまったく思い出せないのだ。本当に行ったかどうかすら覚えていない。

相当嫌われていたように思う。

なぜ嫌われたのか、それはここがオリオン・グループといまだにつながっているからだと思う。私はシリウスの龍神やディアナやトートといった存在たちとつながりがある。それがわかったので、オリオン系の宇宙人は嫌がったのではないだろうか。

神社にはいまだにオリオン系の宇宙人とつながりのあるところもあるように思う。

境内に入ると、厳しい雰囲気がするとか、他を寄せ付けない威圧感があるとか、そういう感覚を持つところはその可能性がある。

昔の卒業式のような凛（りん）とした空気という印象のところは、危ないかもしれない。

癒されるとか、優しい、柔らかい感じがする、安堵感がある、すきっとしている、透明感がある、気分が良いというところは問題ないと思う。

石上神宮に行った人の感想をネットで読むことができる。厳しい雰囲気という感想の人もいるが、みながみなそうではない。すばらしいという人もいる。

だから、ここに書いたことはあくまでも個人的な意見だと思っていただきたい。

第10章　洞爺湖の龍神ホヤウカムイ

三輪山で大物主神という蛇神が古くより祀られていたように、日本各地で蛇神や龍神が祀られていた。大物主神がシリウス系龍型生命体だったように、各地の蛇神や龍神はシリウス系の龍型生命体だった場合が多いようだ。

彼らの中で大物主神のようにオリオン・グループに影響された人によって封印されたものは少数のようだ。ただ、封印されたわけではないが、神社などに別の理由で留まったものもいる。

『伊勢神宮に秘められた謎』と『覚醒への旅路』（ハート出版）に書いたが、千葉県の香取神宮に関連する龍神がその例だ。

この龍神はその土地に住んでいた縄文人と交流があり、縄文人が大自然と共に生きる手助けをしていた。

そこへ稲作民が入植してきて、縄文人たちを僻地へと追いやった。反抗する者たちは中央から派遣された軍によって惨殺された。そして二度と復活できないように体をバラバラにされて埋められた。それが香取神宮の奥宮のある地である。その上には要石（かなめいし）と呼ぶ石が置かれ、封印された。

私は過去世のひとつで、その地に派遣された武官だった。逆らう縄文人を切り刻んだ一人だったようだ。その関連から奥宮に導かれたように思う。その結果、封印されていた彼らを解放することができた。

龍神自体は封印されたわけではなかったが、縄文人のことがかわいそうで、いつまでもその場にい続けることになった。縄文人が解放されたのを見て、龍神も空へ帰っていくことができた。

同様の例は他の地でもあるに違いない。

２０１３年７月と２０１４年６月に北海道の洞爺湖の湖畔にあるロッジでヘミシンク・セミナーを行なった。そこで洞爺湖の龍神との交信が起こったので、紹介したい。

この地は昭和新山や有珠山などの火山のエネルギーと洞爺湖の水のエネルギーなど、地球のエネルギーを直に感じることができる土地なので、ここでは「地球（ＧＡＩＡ）との交感」を目的としたセミナーを行なっている。

洞爺湖はほぼ円形の湖でその中央にいくつかの島がある。その島には円錐状の山が並んでいる。宿泊施設は湖と島を見下ろす地にある。

初日のこと、参加者のひとりがここに着くなり、洞爺湖を見て、「巨大パラボラアンテナの中央にピラミッドがある」と言った。

言われて初めて気がついたが、確かにそうだ。宇宙を観測する電波望遠鏡がパラボラアンテナの形をしているように、パラボラの形は宇宙からの電磁波を集中できる。電磁波だけでなく、宇宙の非物質的なエネルギーを集めるのにも適している可能性が高い。また円錐状の山もピラミッドがそうであるように、その手のパワーを集める効果がある。そういう二重の意味で、この地はパワースポットなのだと思う。

中央にはいくつか島があるのだが、その中の一番大きな中島の中央部には大平原と呼ばれる木の生えていないところがある。ここはいくつもの円錐状の山に囲まれているだけでなく、巨大パラボラアンテナの中心にもある。そのため、ものすごいパワースポットになっている。このセミナーでは大平原でパワーを感じる機会を設けている。

さて、本題に入る。2014年の6月に行なったセミナーのときのことだ。いくつかのセッションで湖の神と思しき存在と交信があった。

セミナー会場から洞爺湖の中島を望む

洞爺湖の中心部にある島のひとつ
ここには円錐状の山が多い

大平原にて
遠く羊蹄山が見える

２０１４年６月26日（木）

あるセッションでのこと。目をつぶると洞爺湖の湖面が見える。中島の鮮やかな緑が見える。その一点にどんどん向かっていく（そこの景色がクローズアップされていく）。

すると湖の神のような存在（？）から情報が来た。

「ここにアイヌ人の酋長が囚われている。救出してほしい。それからアイヌの聖地を回復してほしい。忘れられている。保存できていない。打ち捨てられているところが多い」

２０１４年６月27日（金）

午前１時ごろに目覚めた。その後、しばらく夢うつつ状態にいる。

洞爺湖の中島にアイヌ人の酋長が囚われているような感じがする。モンロー研での言葉で言えば、フォーカス23に囚われている。

彼は何を思っているのだろうか。感じてみる。

アイヌ人の将来を憂えている。和人に住む土地を追われ、自分たちが遠い過去から守ってきた生き方ができなくなった。これからどうなるのか。そう憂えている。

そういう思いの中にどっぷりつかっている。

こんもりとした巨木が見えてきた。ブロッコリーのような形だ。これは彼だ。彼は大きな木と一体化しているのだ。憂えているままで木になっている。

少し会話をした。

もっと自由になりたいと思っているようだ。

「神々の国へ行きましょうよ」

そう誘ってみた。

「え？　そんなことできるのか？」

「はい。できます。上へ向かいましょう」

木は浮き上がり、上へ上がっていく。

ぬっと頭をどこかへ出すと、眼下に緑の木々が一面に広がる世界へ出た。広々とした世界だ。

「ここは？　森の精たちの世界だ」

と酋長は一人で納得している。

前方へ移動していくと、人影が出迎えに来た。

「おとう、おっかあ！」

両親のようだ。

彼は出迎えの人たちと共に向こうの方へと向かっていった。

「ありがとよ」

という声が聞こえてきた。そして彼の思いが伝わってきた。

ここまでの記録をとると、ベッドにもぐりこむ。意識が自然に湖へ向かう。ここに住んでいる神的な存在に意識を向ける。

しばらくすると、男性の声で言葉が浮かんできた。

「余はこの地の森や湖など自然を守る者だ」

「龍神ですか」

「そうだ」

「ここには女神はいないんですか？」

「湖には生命エネルギーの女性的な力が強く表れる。それを女神として把握してもいいが、それはエネルギーであって、具体的な女神という生命体がいるわけではない。わしのような生命体ではない」

ということは、この存在は生命体で、しかも男性だ。

「そちは自然体だな。これまで多くの人がここにやってきて、わしとつながろうとした。実際にわしと交信した者もおる。

彼らはみな肩に力が入っていた。自分は何々の巫女じゃ、教祖様だ、師匠だとか、パワーがあるとか、ヒーラーじゃとか。

そういううぬぼれが強い人ばかりだった。そちは違うな。ごく普通の人間じゃ。肉も食べるし、欲も多い。それなのにわしと交信できている。そちには力みがないのだ。気に入った」

ここで記録をとる。

「そちの後ろに控えている者たちから情報をもらったが、シリウス系の龍神が仲間にいるんだな。わしも同じだ。シリウス系だ。遠い昔にこの地に来て、アイヌの人たちと共に生きてきた。彼らに生き方を教えたりした。彼らの守り神として生きてきた。ただ、アイヌの文化はほぼ途絶え、わしのことを知る人もいなくなった。

昔はあちこちに仲間がいて人々の守り神といて、それぞれの地に住んでいた」

縄文時代のことのようだ。蛇神さまとして祀られていた。

「そろそろ帰ろうと思っていたのだが、ただこのアイヌの酋長のことが気がかりだった。そのため今までここにいたのだ。

彼も救出されたので、しばらくしたら帰ろうと思う」

「私が救出すべきアイヌの人で囚われている人は他にいないんですか？」

「あなたは必要なところへは導かれていく」

「まだ帰らなくていいかもしれないですよ」

「なんでだ?」

「これから和人たちがあなたを知覚するようになるからです」

「そうなのか?」

「はい。これからは神としてではなく、同格の存在として、お付き合いするようになりますよ」

いつの間にか、この存在は私と同じぐらいの大きさになっていた。彼もある意味、気張っていたのかもしれない。何々の神ということで。


アイヌの伝承では、洞爺湖にはホヤウカムイという翼を持った大蛇が住んでいるという。私が交信した龍神はシリウスから来たと言っていたが、ホヤウカムイの可能性があると思う。

セミナー参加者のひとりが携帯で撮った一枚の写真を見せてくれた。それは洞爺湖の湖面を写したものだったが、水面の少し下に巨大な銀色の帯状のものが写っていた。帯の表面には斜めに格子状のパターンが刻まれている。どう見ても巨大な蛇としか見えなかった。

彼女はセミナー開始の一日前に着いたので洞爺湖をフェリーで遊覧したそうだ。何となく湖面を写したら、これが写っていたとのこと。

この本に載せるために彼女にその写真を送ってもらった。今回あらためて見直すと、左上にも何やら写っているのだが、どう見てもそれは室内の様子が写ったものだった。つまり、おそらく窓ガラス越しに写したために室内の物が反射して写り込んだ可能性が高いと言える。

ただ、だからと言って、これは意味のないものと捨て去るべきではないと私は考える。というのは、こういう形を通して、龍神などの非物質世界の生命体たちは我々に語りかけてくることがしばしばあるからだ。

つまり、物質界にある物を利用して存在を示すのである。

湖面に帯状のものが見える

ひとつの例をお見せしたい。次の写真はモンロー研に２０１０年7月にゲートウェイ・ヴォエッジで行った際にアイソレーション・ブースという部屋で写したものだ。参加者の女性がウォーターベッドに横になっているところを写したのだが、足元に子供の宇宙人か何かがいるように見えないだろうか。両手で両足首を押さえ、ヒーリングしているようだ。

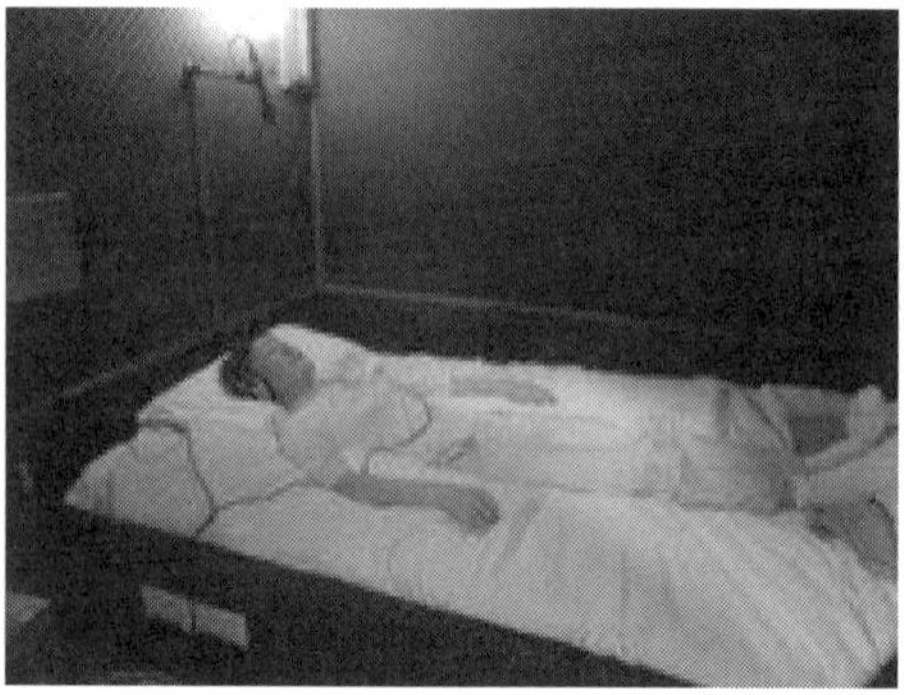

足元に子供の宇宙人がいる？

ところが、この部分を拡大した次の写真を見ると、これはまったくの錯覚であることがわかる。そこにあるのは足とシーツだけである。

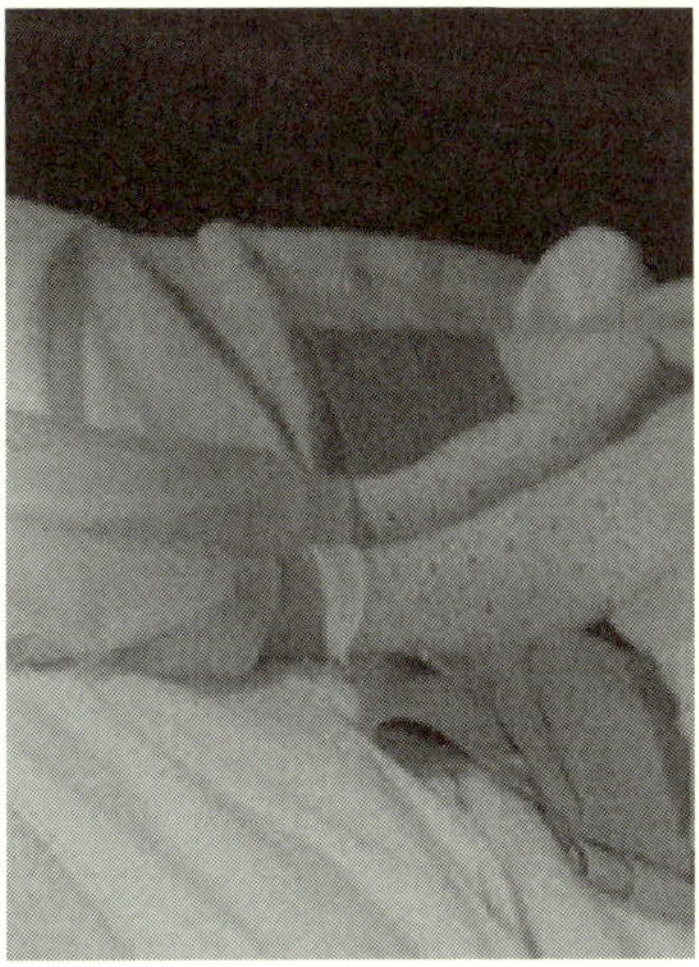

拡大した写真

ただ、錯覚だからと言って、捨て去るべきではないと私は考える。錯覚を利用して、この生命体は姿を現したのではないだろうか。そう考えたい。

この手の現象は注意を向ければ、意外と多く起こっていることに気がつくはずだ。

第11章　ネガティブ・グループへの愛の照射

地球のまわりのフォーカス34／35に多くの宇宙船が集まっていて、今地球で起こりつつある一大変化を見守っている。そういう中にオリオン・グループなどのネガティブ系の宇宙船もいる。

ただバシャールやガイドたちによると、彼らはうまく隠れていて、なかなか見つけ出せなかったそうだ。どのくらいの数がいるということも把握できていなかった。

ところが、ラッシェルモアを救出したころから他の宇宙船も徐々に居場所が明らかになり、ポジティブ側の宇宙船から「攻撃」を受けるようになった。

ここで「攻撃」とは、大量の愛のエネルギーを照射することである。

ネガティブ側の宇宙船がポジティブ側に攻撃される（愛の照射を受ける）と、その乗員は混乱し、ボーっとした状態に陥って、しばらく何が起こったのかわからなくなる。集中力が失われ、それまで何をしていたにせよ、興味を失ってしまう。

彼らの中には、混乱して、宇宙船から出てくるものもいる。そういうものを捕らえて、ポジティブ側で再教育する。ちょうど死後世界の中の信念体系領域と呼ばれるところ（フォーカス24～26）から抜け落ちてきた人を捕らえてフォーカス27へ救出するのと同じである。

こういった活動に何度か参加したことがある。それらを紹介したい。

2013年10月8日（火）

フォーカス34／35に着いた。（中略）

ふと気が付くと、戦闘機のコックピットのようなところに座っている。銃の引き金のようなものを握っている。

「これからダークサイドの宇宙船を攻撃に行こう。攻撃というのは愛のエネルギーを照射することなんだが。これについてはだいぶ前に教えたことがある。この回収チームとして、あなたは人類として最初のメンバーだ」

暗い空間へ。

「まだダークサイドの宇宙船はあるんだ。だいぶ減ったけど。前はどこにいるのかうまく把握できていなかったが、今はすべてを把握できている」

ここで帰還指示。フォーカス27へ。

２０１３年10月9日

フォーカス34／35へ着いた。暗い空間に薄く何かがいくつも並んでいるのが見える。球体や楕円体やもう少し宇宙船らしい形のものもある。

フォーカス34／35に建造中の国際宇宙ステーション（これについては後述）に行こうと決めていたが、何をしようかと迷っていると、

「国際宇宙ステーションに行きたかったんじゃないの？」

とガイドが言う。それに従い、左手に移動すると、白い構造物が見えてきた。筒状の構造物が格子状につながったような形だ。

「今日は昨日に続き、ダークサイドの宇宙船へ愛の攻撃に出かける」

目の前を左手へ飛ぶ宇宙船が見える。これは飛行機のように両翼があり、両翼の途中にも人が乗る部分があるようだ。大きな鳥のような形に見える。

その中へ。

「あなたは砲撃手のひとりだ。みなで一斉に砲撃する。今回はオリオン座のMという星の集まりの生命体たちがターゲットだ」

少しすると白い宇宙船群が見えてきた。球形や、ドーナッツ状が知覚される。どうもドーナツ形のその中央に球があるような形の宇宙船のようだ。

「彼らには気づかれないようにここからは音信を絶つ」

「砲撃開始！」

機銃を操作する。全員でラブ注入。

「これで彼らの宇宙船のロック機能が解除されたので、さらに中へラブ注入する」

円盤状の金属の中央部が開いた。そこへエネルギーを注入する。

「内部へ突入する」

宇宙船内部へ。

「みな気を失っているので、回収する」

我々はさらに司令官のいる部屋へ進む。

部屋へ来た。床の中央が一段高くなったところに何かが倒れている。司令官らしい。ここは前にラッシェルモアがいた部屋とよく似ている。この人を救出する。

次の瞬間、病院の病室内のような部屋に入ってきた。

看護師らしき存在が3、4名いる。彼女たちにこの気を失った司令官を手渡し、「後はよろしくね」とたのむ。

「さてと、今回は1万人ぐらいを解放した。今回はこれで終わりにしよう」

そうガイドが言った。

ダークサイドの宇宙人たちの現状

ガイドによると、ネガティブ側の宇宙船はまだいくつか残っていて、ネガティブな宇宙人の影響を受けている人たちがまだいるとのことだ。

ガイドは次のように言った。

「X女史に影響している宇宙人もその一人だ。後、北朝鮮のキム・ジョンウンには新たな宇宙人がつこうとしている。一番の問題は中東だ。いまだに何人か、ダークサイドの宇宙人によってコントロールされている人たちがいる。彼らはこのままネガティブな地球へ行くしかない。これ以上打つ手はない」

ここでX女史の実名は伏せることにする。

バシャールによれば、今まさにアセンションは進行中で、これまではポジティブな人もネガティブな人もだいたい同じ世界を共有していたが、2015年から2016年にかけて、徐々に線路が分かれだすとのこと。アセンションする地球へ向かう線路としない線路に分かれる。

今がアセンションする方へ向かう線路に乗るラストチャンスということだ。これについては次の章でお話しする。

そういう意味で、ここに挙げた人たちをポジティブ側へ救い出す手はもうないとのことである。

第12章　アセンションとは

今、人類と地球は大きな転換の時期を通過中である。それにより人類は大きく進化発展すると考えられている。それをアセンションと呼ぶ。

自分や大きな自分のネガティブな側面を救出し、統合することはアセンションにとって極めて重要だと言われている。

この人類の大きな変革についてロバート・モンローは2冊目の『魂の体外旅行』（日本教文社）の中で一章を割いて書いている。それは「大集合」という章である。その内容を要約する。

地球から少し離れた非物質領域（今ではフォーカス34／35と呼ばれている）に多数の地球外生命体が集まっている。

彼らはこれから地球で起こる一大イベントを大きな期待感を持って待っている。ちょうど何かのスペシャル・ショーが始まるのをわくわくしながら待っているかのようだ。

これから起こる事象は極めてまれにしか起こらない。

何が起こるのかということについては、数多くの可能性がある。可能性のひとつでも成立すると、我々の時空間だけでなく、隣接するエネルギーシステムすべてが変えられる。

危機と機会という両極端が同時に存在する状態も十分ありえる。機会という意味では、人間意識は統一された知的エネルギーシステムとして急速に浮かび上がるまれな可能性を与えられる。


ここで述べられている一大イベントとは、その後、アセンションと呼ばれるようになる出来事のことを指している。

この本の原書が出版されたのは1985年のことだ。この段階でこの一大イベントについて言及していた人は他にいたのだろうか。

ホゼ・アグエイアスが『マヤン・ファクター』を出版したのは1987年である。この本は全米でベストセラーになり、古代マヤ暦と2012年ががぜん注目されることになった。モンローの本はこの2年前に出版されている。

『マヤン・ファクター』は次の3つのことを明らかにした。

古代マヤ暦における大周期が2012年に終わり、新たな周期が始まる。

それと共に、人類の大飛躍が起こる。

銀河系の中心から高次意識を覚醒させるエネルギー・ビームが届き、各自はそれに直接つながる能力がある。


この本に続き、アセンションについて数多くの本が出版され、種々さまざまな予言がなされることになる。それらを列挙すると、

人類と地球が上の次元へ上昇（アセンション）する。

政治、経済、社会システムなどが大転換する。

天変地異が起こる。

地球、人類が滅亡する。


特にマヤ暦が終わるとされた2012年12月21日（あるいはそれを含む短い期間）に大変化が起こるとした予言も多かった。

このように多様な予言が出てきた背景には、モンローが『魂の体外旅行』で述べているよう

に、この段階ではいまだ可能性の幅が大きく、実際何が起こるのか高次の存在たちにもわからなかったのだと思われる。

特に危機と機会の両極端の要素があることから、天変地異や人類滅亡といった予言も出てきたのだと思う。

さらに、ダークサイドの宇宙人の暗躍もあった。彼らにつながり、彼らのメッセージを伝える人を通して、人の恐怖心をあおるような予言が発信された。私も当時はラッシェルモアにつながって片棒をかつがされていた。

それが、2012年が近づくにつれ、次第に可能性が狭められ、何が起こるのかをより明確に言えるようになった。

たとえば、バシャールは『バシャール×坂本政道』(VOICE)で次のように話している。ちなみに、この本には2008年11月に行なわれたチャネリング・セッションが載せてある。ここには重要なポイントのみを載せることにする。

*　*　*

2012年とは、いわば敷居、境目です。

敷居のこちら側、つまり２０１２年以前は、地球上にネガティブなエネルギーのほうがポジティブなエネルギーよりもまだわずかに多い状態。

そして、２０１２年以降は、地球上にポジティブなエネルギーのほうがネガティブなエネルギーよりもわずかに多い状態になりはじめるでしょう。


たとえば、２０１２年に14万４０００人の人が目覚めると、２０１３年には30万人の人が目覚め、さらに２０１４年には90万人の人が目覚めるでしょう。

そのように幾何級数的に増加していくでしょう。

（ここで目覚めるとは、バシャールによれば、その人の振動数が18万回／秒に達することで、第４密度になることを意味する）


そして、ひとたびポジティブの方向にわずかにでも傾くと、ポジティブなエネルギーがどんどん増えていき、２０１２年以降はますます加速していくでしょう。

加速化が進んでいくにつれて、古いシステム（社会、経済、政治、価値観）の崩壊のスピードもさらに加速していくでしょう。

その一方で、新しいシステムが構築されてきていますので、古いシステムから新システムへの移管も進んでいくでしょう。

ただ、現時点では地球上のすべての人が卒業する準備ができているわけではありません。準備のできた人々は、自分たちの高い振動数をより反映している〈もうひとつの地球〉で生活するようになり、肉体をもった残りの人生をその地球で過ごすでしょう。

しかし、一方、〈別の地球〉はある意味では依然として存在し、より低い振動数の人々はそこに存在しているのです。ただ、〈もうひとつの地球〉に生活している人々は、その〈別の地球〉に生きている人々を経験しなくなるでしょう。

2012年に向けて地質学的な変化があちこちで起きる可能性はあります。

私たちが今みなさんの集合的なエネルギーをリーディングしてみると、2010年ごろに地球上のさまざまな地域で地質学的な変化が起きる可能性は高いと言えます。それらの出来事は、人々の波動、振動数の違いによってさまざま異なって経験されるでしょう。

ただ、ここでの本当の質問は次のようなことです。

あなたはどのような経験をすることが好ましいですか。そして、この転換期にあたって、あなたはどのような状態でいることを望みますか。

たとえば、どこかの地域や集団のエネルギーが、この転換期を天変地異として経験することに向かっているように感じられたとしても、もしあなたがより高いエネルギーの状態にあるならば、単純にその地域に居合わせることはないでしょう。

また、たとえその地域にいて、あなたのまわりで何か変化が起きていたとしても、あなたはネガティブな影響を受けることはありません。

私たちから見れば、みなさんが天災の予言を聞いたとき、それはチャンスなのです。

怖れをそのままうのみにして、変化を天変地異として経験するのか。

それとも、ポジティブなエネルギーを信頼して、変化をスムーズに経験するのか。

選択するチャンスなのです。

＊　＊　＊

バシャールは振動数の異なる世界（宇宙）が無限にあり、その中の自分の振動数と一致する世界を自分は体験しているとする。こういう無限に並行して存在する宇宙をパラレル宇宙とかパラレル・リアリティ（平行現実）と呼ぶ。

２０１２年まではだい部分の人はだいたい同じ世界（地球）を体験してきた。それは若干ネガティブなエネルギーが多い地球である（それを第3密度の地球と呼ぶ）。

それが、2012年を境に徐々に分裂が始まる。そのままネガティブなエネルギーの（振動数の低い）人もいる一方、どんどんポジティブになって行く（振動数が高くなっていく）人もいる。

前者はこれまでとあまり変わらない地球を体験するのに対し、後者は振動数のより高い地球を体験するようになる。

ただ、後者の場合でも、しばらくは、「ネガティブな人々と互いに影響し合っている」という概念を持っているので、そういう人々がいる世界を体験する。が、次第にそういう人々がいない世界を体験するようになる。

後者の場合は、従来の政治システム、経済システム、社会システム、価値観が崩壊し、新しいものへ変わっていく。その結果として第4密度の地球へと移行してゆく。

その過程で、一時的に**「闇が増大したかのような体験をする期間」**がある。それは、自分の中に最も強く持っている葛藤が倍増し、より速く、より強く現実化してくるためである。「真実の自己」と整合しない信念がより際立って現れてくる。

そのため、地球上のあらゆるところで苦しみやネガティブなことが逆に増えているように見える。表面化してくることで、自分の中にあった光の部分も闇の部分もはっきりと見ることができるのだ。その結果、自分は何を望むのか意識的に選択できるようになる。

こういう過程を経て、何十年かかけて新しい社会へ移行してゆく。

これと並行して、地球外生命体の存在が明らかになり、さらに２０３０年ごろから彼らと直接コンタクトする人が増え、２０４０年ごろまでに地球外文明とのオープン・コンタクトが起きる。

以上が、２０１２年の何年か前にバシャールが述べていたことがらである。


それでは、バシャールは最近アセンションに関連してどういうことを話しているのだろうか。たいへん興味深い。それについてはダリル・アンカのウェブサイトから知ることができる。

バシャールは定期的に公開のチャネリング・セッションを米国の主としてカリフォルニア州で行なっている。その内容については、彼のウェブサイトから有料でダウンロードできる（ただし英語のみ）。

その中の２０１４年12月にロサンジェルスで行なわれたセッション「2015―2016：The Years of Expansion and Contraction」で、今後数十年間に起こることについてかなり具体的な話をしている。

それはバシャールの以前からの予言内容と概ねでは一致している（具体的な時期という点で

何年かのずれがあるが)。さらにこれまでには一度も予言されていなかった出来事についての予言もある。

詳細は著作権の関係で公開できないが、2つだけ挙げると、

2015年から2016年にかけて線路がいよいよ分かれていく。

2016年の秋(米国大統領選の前)に大きな変化が始まる(社会のインフラ構造の変化)。

線路が分かれるというのは、アセンションして行く人たちとしない人たちの行く道が分かれるということである。今のうちならまだ乗り換えられるが、次第に乗り換えが難しくなるとのことだ。

大きな変化というのは、景気の悪化に端を発して起こるとのこと。経済システムの崩壊が始まるらしい。

重要なことは、「闇が増大したかのような体験をする期間」を今まさに通過中だということ。その間に、自分の闇の部分、つまり「真実の自己」と整合しない部分に気づき、ネガティブな信念を除いていくことが必要だ。

「真実の自己」については『覚醒への旅路』に詳しく書いたが、自分の内面奥深くにある核となる部分である。それは「大いなるすべて」と直結していて純粋なエネルギーそのものである。

2016年の末までには線路が分かれてしまうということは、それまでにネガティブな信念を除くワークを完結しなければならないというのではない。ネガティブな信念を除こうと思いたち、行動を始める必要があるということだ。

ポジティブとネガティブの統合

アセンションをひと言で言えば、人類が（あるいは人類の一部が）振動数の低いネガティブなエネルギーの状態から振動数の高いポジティブなエネルギーの状態へ移行することである。

それはポジティブとネガティブの統合へと向かうことでもある。

実は、宇宙には元々振動数の高い状態にいる生命体は大勢いる。いわゆる第5密度やそれ以上のレベルの生命体である。彼らは物質的な形態をとらない非物質の生命体だ。

そういう中、アヌンナキたちによってこと座やオリオンの星々に始まった我々人類は、あえて振動数の低い、ネガティブな状態を体験した。元は振動数の高い状態にいたのに、そういう選択をしたわけだ。

その理由は、物質次元に入り、さらにポジティブとネガティブという両極を体験することに深い意義があると認識したからにほかならない。

ちなみに第5密度には両極性は存在しない。完全に統合された状態である。両極性は物質レベルである第4密度と第3密度に存在する。第3密度では両極の葛藤、対立が際立つのに対し、第4密度では葛藤、対立は薄れ、統合へと向かう。

我々はアヌンナキの思わくどおり、ポジティブな面もネガティブな面も両方を十二分に体験してきた。両方を知った上で両極の中からポジティブを選択して、第4密度へ上がっていく。ポジティブしか知らないでポジティブ側に行くのとは違う。地球という厳しい環境の中、両方を体験し、ネガティブを十分知った上で、ポジティブ側へ行くわけである。そこに大きな意義があるとされる。

悲しみや苦しみというネガティブな状態を体験したからこそ、幸せ、喜びの持つ価値を知る。もう二度とこういうネガティブな体験はしたくないと思うのだ。

戦争、殺戮、奪い合いというネガティブな状態の極みを体験したからこそ、平和のありがたみがわかる。

幸せで平和な世界に初めからいると、その価値もありがたみもわからない。だから、アヌンナキはあえてそういう世界を具現化し、その中へ入っていった。

十分に体験したので、もうそろそろ帰ろうかという状況なのだと思う。

その際、ネガティブな体験をした自分がそのまま振動数の低い状態に囚われていたら、そういう自分を切り捨てていくのではなく、そういう自分に気づき、受け入れ、自分の中へ取り戻すことが必要だ。それは本書の「はじめに」に書いたように、小さな自分としても大きな自分としても共に必要である。そうすることですべての自分を取り戻し、統合することができる。

第13章　フォーカス34／35にできた巨大宇宙ステーション

人類のアセンションに関連して、フォーカス34／35の宇宙空間に建造された巨大な宇宙ステーションについて本書の最後にお話ししたい。

巨大な構造物が建造中だということに初めて気がついたのは２００８年のことだ。

当時、我々の何人かはフォーカス21にピラミッド・タワーというものがあることを発見していた。そこは塔状の構造物でてっぺんにピラミッドのような形がある。この中に入ると、上のフォーカスへ行くエネルギーの流れと地球コアへ行く下向きの流れとが感じられた。

上向きの流れに乗ってゆくと、フォーカス27を超えて一挙にフォーカス34／35まで行くことができた。

どうもここはエレベーターになっているようで、そういう柱状の構造物が何本もフォーカス34／35とフォーカス21を結んでいるようだった。そのひとつはフォーカス27にある向こうのモンロー研の水晶を通っている。

このエレベーターを通ってフォーカス34／35へ来たときの記録を載せたい。

２００８年８月15日（金）早朝５時

フォーカス34／35へ来た。真っ暗な宇宙空間にいる。視界の下半分に青白い球体が見える。地球だ。かなりの上空だ。地球の直径の半分ぐらい上空だろうか。

何本もの黄色っぽいパイプで作られた巨大な構造物が見えてきた。水平方向に伸びている。宇宙ステーションという感じだ。

ここに例のエレベーターが直結しているのだ。ヴォイジャー８号もドッキングするらしい。他の生命体の乗り物（宇宙船）もここに何台もドッキングしているらしい。どうも最近急ピッチで造られたという印象だ。

ここに地球外生命体たちがやってきて、交流する。さらに、ここからフォーカス27や21へも行く。だから、フォーカス21にあんなに大勢の宇宙人がいるんだ。

以前、フォーカス21でエレベーターに乗ったら、宇宙服に身を固め、ヘルメットをつけた宇宙人がいっしょに乗っていてびっくりしたことがあった。それはこのエレベーターだったんだ。

巨大な宇宙ステーションを眼下に見ていると、なにかもっと伝えたいことがあるのだろうか、左手の方へ引っぱられていく。

「あなたはめったにここまで来ないし、こういうふうに交信できることもあまりないので、この機会をぜひ使いたいんだ」

どんどんと左手へ移動。さっきのパイプは、宇宙ステーションから別の天体まで伸びているらしい。そのまま左手へ進んでいく。

「太陽系外へ出るにはフォーカス42まで行かないといけないのに」そう思っていると、

「そういう面倒くさいことは考えなくていいよ。ともかく行けるんだから」

どうもワープのような航法を使うのか。

どこかの天体のところへ来て、止まった。ここが彼らのホームのようだ。

「ここはシリウスBのそば。重力が強いので空間がゆがんでいる。その中に住んでいる」

白い壁でできた曲がったロート状の中へ入っていく。さざえの中へ入っていくような感じだ。赤い液体が白い壁をぬらしている。ロート状の底をその赤い液体が満たしている。なにかセクシーな感じ。

「生命エネルギーの表出だから、そういうとらえ方もあながち間違いではないよ」

どういう生命体なんだろうか。

「こういうふうな形に生命エネルギーを表現して生きているんだ。これが喜びなんだ。非物質だけど、この強い重力の中に住んでいる」

「子供も生んだりするんだろうか」

「しないよ。死ぬということもないんだ」

視界が変わって、暗い青い海の底のようなところが見えてきた。

「このそばの天体には物質的な生命もいるよ。ここは海のようなところだ。水じゃないけどね」

硫酸コバルトなのだろうか。

「その手の液体だ。強い重力のおかげで液体でいられるんだ」

なにか球状の生物がいる。白っぽい触手が何本もまわりに伸びている。ほかにもたくさん生物が見える。みな触手を伸ばしている。

「こういう生物は意識の発達段階がまだ低いんだよ。地球の海にいるのと同じ程度だよ。我々は天体にいるというよりも、曲がった空間内にいるんだ。ずっとそうしてたんだけど、あるとき、ある個体が、さっきのパイプをずっとたどっていったんだ。そうしたら、地球へきたってわけだ。あの宇宙ステーションへ」

いっしょに地球の方へ戻っていく。

「初めはびっくりしたね。状況が飲み込めて、慣れるまでだいぶ時間がかかったよ。この宇宙ステーションには学習するための場があるんだ。先生もたくさんいて、いろいろと教えてくれるんだよ」

この生命体の全身が見えてきた。イカのような白っぽい生物。ところどころ赤色の部分がある。非物質なので、それほどはっきりとは外形は定まらないというか、把握できないが。

「男とか、女とかはあるの？」

「だいぶ昔はあったみたいだけど、今ではみな忘れてしまってた。個体間にもテレパシーでの交信があるので、人間ほどには個別化してないんだ。私はあなたのＩＴクラスターのメンバーなんだ。あなたの分身と言ってもいいよ」

「そういえば、前にシリウスに来たときに見かけたことがあったね。イカのような形の生命体が宇宙空間を泳いでいたんだ。びっくりしたよ。そう言えば、トレーナーのみーさんがイカだったことがあったって言っていたな」

「そうだよ。みーさんの分身もここにいるんだ」

宇宙ステーションの上空に着いた。

「じゃーね。またここまでおいでよ。他にもいろいろなメンバーに会えるよ。みなここに来ているんだ。ここまでちょくちょく来たほうがいいよ。あなたはへミシンクを使わなくたって、来られるんだからさ。じゃ、また」

この巨大宇宙ステーションはその後、何度か訪れる機会があった。そのいくつかを紹介し、それが何のために造られたのか明らかにしたい。

これは宇宙ステーションとも言えるが、いろいろなＩＴクラスターの一部がここまで伸びて来てつながってできた構造体というのが正確なところのようだ。

２００９年７月22日（水）

フォーカス34／35へ。何かの構造物のそばにいる。宇宙ステーションか。Ｉ／Ｔｈｅｒｅへ行こうとすると、この内部へ行くように言われる。従うと、内部は大きな部屋になっていて、日本人の家族がテーブルに向かって座っている。今回のＧＶの参加者のＳさんのような顔つきの人だ。

「ここでは宇宙人が人間と交流を持ち、人間について知る機会を得ている。人間は寝ている間にここに来ているので、覚えている人は少ない。あなたもよく来ている」

「そういう記憶はないけど」

２０１３年10月７日（月）

上へ移動して宇宙空間へ出た。さまざまな宇宙船が数珠つなぎになっているのが見える。

フォーカス34／35へ来たようだ。

「フォーカス34／35で宇宙船がたくさん集結しているところを見たいと言っていたから、見せている」

確かに。今回はよく見える。

巨大な宇宙ステーションが見えてきた。

「前に何回か来たことがあるが、フォーカス34／35には巨大な宇宙ステーションがある。前にもここに来たことがあるだろう。

これは実は人類が次のステップに上がってくると必要になる施設なのだ。これまでのフォーカス27の代わりになる施設だ。

ご存じのようにアセンションによって人類は一つ上の段階に達する。そうなるとフォーカス27が今のC1意識のようなものになる。

フォーカス27に今あるさまざまな施設は役目を終了し、あらたにフォーカス34／35にできる施設を使うようになる。人類は他の生命系と自由に交流するようになるので、ここがそのための場、ここを通して他の星へ自由に行き来できるようになる。

2012年まで地球は隔離状態にあったが、それが終わったことは知っているだろう。人類は他の生命系と自由に交流していいのだ。

そのためにフォーカス34／35に今建築中の巨大宇宙ステーションが使われるようになる。あなたは死後ここで働くことになるかもしれない」

2013年10月8日（火）

フォーカス34／35へ。

真っ暗な中に淡い白いものがいくつも見える。参加者たちだろうか。

宇宙ステーションに連れてってもらう。

暗い宇宙空間を移動していく。隣にガイドがいるようだ。

「全く見えないんだけど、ありがとう」

「いつもいろいろやるんだけどわかってくれなくてね」

何かの構造体がうっすらと見えてきた。

「ここは人類と宇宙人の交流のための場で、今建設中だよ。今の段階では宇宙人が地球を模擬体験するための施設が多い」

かなりカジュアルな感じの会話だ。中へ。

突然、芝生の広場に人がたくさんいる。オープン・パーティをやってる。その前に、レストランがずらっと並んでいるところがあった。

突然、目の前に豪華な食事が並んでいて、気がつくと食べていた。肉のようなものが並んだ皿とか見える。

これも宇宙人用だ。

人類でここまで来られる人はまだ少ないので、人類のための施設はこれからだ。

2014年7月8日

フォーカス34／35に着いた。真っ暗な中に白っぽい小さなもの（ほぼ丸い）がいくつも見える。さらにじっとしていると、何か大きな構造物がいくつか見えてきた。

ガイドが言う。

「国際宇宙ステーションです。超巨大な宇宙ステーション」

ドーナツ状の部分や、直線状の部分などが見える。白っぽい金属色。

「多くの宇宙船がドックしている。以前はバラバラにいたが」

中へ。

生命体を紹介してくれるとのこと。何かがいるがうまく把握できない。

別の銀河からシリウス経由で来た生命体だ。英語を話す。英語を勉強したそうだ。

ＩＴスーパークラスターのメンバーとのこと。

別の生命体のところへ。これは言葉が通じない。何か言っているが、わからない。テレパシーで。

「お会いできてうれしい。いくつも次元を超えて別次元から来た」

ITスーパークラスターのメンバーとのこと。

帰還。

2014年7月9日

フォーカス34／35へ着いた。大の字がいくつも横に並んだような白い線のパターンが見える。一列だけではなく、下の方にも続いている。むしろ白い線で網目状のパターンだ。上向きのかごの中央にいるような光景。I／Thereに来たのか。

気がつくと、お皿を持って食べ物を選んでいる。他にも大勢の人がいる。カフェテリア内にいる。長いテーブルが何台かあり、その周りに多くの人?が座っている。

「え？　なぜこんなことをしているのだろう？　フォーカス34／35にいるはずなのに」

カフェテリアの一番端に大型の宇宙人が来た。身長は2メートルほど。頭がイカのようで、三つのとんがりがある（中央が一番高い）。体がエビのような丸みのある形（円筒）。色が青とオレンジだ。バルタン星人？

「そうか。ここは宇宙ステーション内なのだ」

窓を通して外の暗い宇宙空間が見える。白っぽい構造物が見える。

「そうです。ここで宇宙人たちが人間体験の疑似体験をしているのです。ここでは食べ物を食べるという体験をしています。もちろんそもそも食べるということをしていない生命体も多いので、この体験は彼らにとってチャレンジなのです。味覚というのがないものも大勢います。彼らがそれを理解するのは難しい。多くの生命体は第4密度なので食べるということをとうにやめてしまったものも多いのです」

「バシャールたちのように」

「そうです」

「中には第3密度の生命体もいますが、彼らはあなたと同じようにアストラル体で来ています」

「あなたはだれですか？　ガイドではないようですが。言葉が少しなめらかでない」

「はい。今回あなたの案内をすることになった生命体です。地球の言葉を学んでいます。あなたは非言語的な交信もできるので、情報を一部は非言語的にも伝えています。この宇宙ステーション内には人間の言語を学ぶための施設もあります。そもそも言語を必要としていない生命体も多いので、言語を学ぶのは難しさがあります。

また場合によっては、地上の物の概念がないものもたくさんあり、それを理解するのがまた一苦労です。また発音も難しい。発音器官が発達していない生命体も多い」

「あなたの姿を見せてもらえますか？」

「いいですよ」

目の前に何かが現れる。ラクダのような顔の印象がある。薄茶色の毛がカールしていて、かわいらしい目をしている。テリー犬のような、それをもっと大きくしたような生命体だ。

ここでフォーカス27への帰還指示が来た。感謝して帰還する。

同じ日の別セッション

フォーカス34／35へ着いた。暗い中に球体が見える。表面がもやっとしている。地球のようだ。

「はい、地球です。フォーカス34／35の視点から見てるので、非物質界のフォーカス27が表面にあり、もやっと見えるのです」

暗い中にさまざま形の構造体（宇宙船？）が見える。はっきりと把握できるわけではないが、それがつながっているようにも重なっているようにも見える。宇宙ステーションの一部を見ているのだろうか。

「あなたはまだ正確に把握できてるわけではありませんので、見えたものをそのまま信じないほうがいいでしょう。宇宙ステーションの一部を見ているのです。宇宙ステーションは広大なのです。なにせ何十万もの生命体が居住するための空間を用意する必要があるので。

今回はあなたにこの宇宙ステーションについて紹介することになっています。

ここでは地球と人類についてあらゆることを学ぶことができます。初めのころは宇宙船それぞれがそれぞれのやり方で地球と人類について学んでいたのですが、それでは非効率だということで、この宇宙ステーションが作られて、ある程度共通化した形で学べるようになりました。

ただ、ここに来る生命体には大きなバリエーションがありますので、すべてに対応できているわけではありません。大方が理解できるような形にしています。

多くの生命体は今現在の人類の状況に興味を持っていますので、それぞれの地域や国の政治、文化、言語について学ぶような場があります。さらにはそれぞれの歴史や全体の歴史を学ぶ場もあります。イスラム、キリスト、仏教など宗教について。

もちろんそれは今の人類の歴史です。

人類がどのように生み出されたのか、どういう宇宙人が関与したのか。

その前のアトランティスやムーの時代についての歴史。

さらには地球全体としてのはじめからの歴史。

人類の歴史について、詳細に知りたいという生命体もいますので、そのために、ピンポイントでその時代へ行く施設もあります。フォーカス15を利用した施設です。歴史の詳細に興味をもつ生命体もいますが、全く興味をもたないものもいます。

多くは日常生活に興味を持ちます。食事の場を先ほど見ましたが、その一環です。サラリーマンの生活とか、ごく普通の生活がとてもめずらしいのです。セックス（生殖）にも興味を持っています。彼らの多くはセックスと子作りを純粋に楽しみます。人間がどうして偏見を持っているのか興味を持っています」

同じ日の別セッション

フォーカス34／35に着いた。真っ暗ではない。室内に来たようだ。何やら大勢いる感じがする。

触手のようなものが見える。うまく把握できない。

「はい、あなたが宇宙人に会ってみたいと言っていたので、15名、いろいろな種を集めました。人類型はいません」

実はセッションの始まる前に何をしようかと考えたときに、そう思った。

「この宇宙ステーションは宇宙人が地球人類を知るための場ですが、人類が彼らのことを知る場でもあるのです。交流の場なのです」

「どういう人がここまで来るのですか？」

「まだ少数ですが、あなたのようにヘミシンクで来る人もいれば、瞑想などで来る人もいます。

人類のアセンションを手助けするためであり、人類が銀河生命体になるための準備でもあるのです」

「そうですか」

うまく把握できないが、何か存在感はある。昆虫やエビという感じだ。大きさもまちまちのようだ。

「ちょっとうまく把握できないので手とかどこか動かしてもらえますか？」

あちこちで触手のようなものやヒレのようなものが動くのが見える。

「みんなあなたにとても興味を持っているんですよ。みな太陽近傍の星から来ました。暗い星ばかりです。海の中で発達した後、陸に上がって発達した生命体もいます。地球と同じですね」

「全員と一度に会話するのは難しいので、だれか一人にしたいんですが」

その中の一体の前へ。緑色の生命体だ。カマキリのような体形。ただ、頭の部分が三角っぽいが、丸みがある。ソラマメのような感じ。

「初めまして。お名前は？」

「名前ですか、数字の番号ならあります」

「ＩＤ番号のようなものですよ」とそばにいるガイドが教えてくれた。

私の体に接近してきて、ほとんど乗りかかってきた。この星ではそうするのが礼儀なのか。

すぐに離れていった。

「どこから来たのですか？」

「太陽近傍の星ですが、暗い星です」

「食べ物を食べたりするのですか？」

「ほとんどしなくなりましたが、まだ少しだけ食べます」

バシャールと同じだ。

「第4密度ですか？」

「はい、そうです」

「普段はみな何をしているのですか？」

「働いています。食べ物を作ったり、生活に必要な物を作ったりします。まだ必要な物はたくさんあります。ただ、みな楽しんで働いています。富を分け合うのです」

「さすが第4密度ですね。早くそういう段階に達したいです」

「人類もいずれはそうなります」

「全体で何人ぐらいいるのですか？」

「5億人です」

「星まで連れて行ってもらえますか？」

「今回はそういう機会ではありません」

そうガイドが言った。

「それでは次の生命体に移りましょう」

とガイドが言う。

目の前に縦に細長い白い長方形が現れた。一反木綿のような形。それが顔の部分なのか、下の方が向こうへ曲がって手足がある。

やはり、太陽の近傍の暗い星から来たそうだ。同じく第4密度だという。少し会話をした。

「うーん、ちょっと体験を覚えてるのが大変なので、ここで記録をとっていいですか?」

「いいですよ」

記録をとる。

フォーカス34/35にできた超巨大な宇宙ステーションの目的は、次のようにまとめることができる。

1　宇宙人が地球と人類を理解するための施設

人類の特有の知覚の仕方（感情、味覚など）、考え方、交信の仕方（言語など）を理解する。

生活全般を体験的に知る。食事、生殖、仕事、経済活動など。

それぞれの国や地域の文化、芸術、政治、経済、歴史、宗教を知る。

2　人類がさまざまな宇宙人と交流するための施設

今のところまだ少数の人のみがここまで来ている。今後、多くの人がやってくるようになると、宇宙人と活発に交流するようになり、人類が銀河連合の一員になる。

今の段階では夢の中でここまで来る人もいるようだ。その場合、その人を出迎えるのはたいていその人のＩＴクラスターのメンバーだと考えていい。それらしき夢を見たら、しっかりと覚えておくようにしたいものだ。

おわりに

第1次大戦から第2次大戦までの30年間を、間に休戦期間のあった一つの大戦と見なす見方が近年では一般的になってきたようだ。

この30年間は、本書で取り上げたオリオン帝国の復活を思わせる時代であった。ナチスドイツやスターリンによる独裁政治など、オリオンの影響を色濃く表していた。

2014年のバシャールのチャネル・セッション（ダリル・アンカのウェブサイトから有料でダウンロードできる）の中にInterstellar Enneagramというのがある。

この中でバシャールは、オリオン帝国のシンボルは横3分割の三色旗だとしている（横3分割とはオランダ国旗のように上下に3色が積み重なった形）。色は下から黒、赤、白。黒（ネガティブ、暗黒時代）から赤（命、血）を経て、白（ポジティブ）に至ったことを象徴しているとのことだ。驚くべきことに、ナチスドイツの旗の色が正に黒、赤、白の組み合わせである。

今、中東の国の旗にこの組み合わせが多く見られる。中東にオリオンの影響が色濃く現れているために戦火が絶えないのだろう。

で、今の日本には関係ないだろうと思っていたら、２０２０年東京オリンピックのエンブレムを見て驚いた。黒、赤、白が入っているではないか。これには嫌な予感がしたのだが、さっそくケチがついた。これだけでない。新国立競技場もすったもんだの末、白紙撤回となった。まったくもって前途多難である。

オリオンで代表されるネガティブサイドは、何ごとを成すのも困難を伴う。川の流れに逆らって泳ぐようなもの。それをこの東京五輪のエンブレムは象徴的に表しているかのようだ。この際、エンブレムを変えたほうがいいと思っていたら、やはり、変更と決まった。

いずれにせよ、こういうゴタゴタを体験するのは、「闇が増大したかのような体験をする期間」を今まさに通過中だということだろう。この期間を通して、自分は何を望んでいるのか最終確認をしてゆく。戦争はいやだとか、苦しみや悲しみはもういいとか。

我々がここまで何十年、何百年、何千年とネガティブな体験をしてきたのは、そういう体験を通すことで、ポジティブな体験のありがたみを知るためだと言える。

悲しみや苦しみを体験したからこそ、幸せや喜びのありがたさがわかる。

戦争を体験したからこそ、その悲惨さを知り、平和のありがたさを知るのである。

ネガティブな体験はけっして無駄ではなかった。それを体験したからこそ今、ポジティブな選択ができるのだ。

著者紹介／**坂本政道** さかもとまさみち
モンロー研究所公認レジデンシャル・ファシリテーター
（株）アクアヴィジョン・アカデミー代表取締役

1954年生まれ。東京大学理学部物理学科卒、カナダトロント大学電子工学科修士課程修了。

1977年～87年、ソニー（株）にて半導体素子の開発に従事。

1987年～2000年、米国カリフォルニア州にある光通信用半導体素子メーカーＳＤＬ社にて半導体レーザーの開発に従事。2000年、変性意識状態の研究に専心するために退社。2005年２月（株）アクアヴィジョン・アカデミーを設立。

著書に「体外離脱体験」（たま出版）、「死後体験シリーズⅠ～Ⅳ」「絵で見る死後体験」「2012年目覚めよ地球人」「分裂する未来」「アセンションの鍵」「坂本政道ピラミッド体験」「スーパーラブ」「あなたもバシャールと交信できる」「坂本政道　ブルース・モーエンに聞く」「東日本大震災とアセンション」「激動の時代を生きる英知」「ベールを脱いだ日本古代史」「古代史２　伊勢神宮に秘められた謎」「古代史３　出雲王朝の隠された秘密」「あの世はある！」「明るい死後世界」「覚醒への旅路」（以上ハート出版）、「超意識 あなたの願いを叶える力」（ダイヤモンド社）、「人は、はるか銀河を越えて」（講談社インターナショナル）、「体外離脱と死後体験の謎」（学研）、「楽園実現か天変地異か」「屋久島でヘミシンク」「地球のハートチャクラにつながる」（アメーバブックス新社）、「マンガ死後世界ガイド」「５次元世界の衝撃」「死ぬことが怖くなくなるたったひとつの方法」（徳間書店）、「バシャール×坂本政道」（VOICE）、「宇宙のニューバイブレーション」「地球の『超』歩き方」（ヒカルランド）などがある。

最新情報については、
著者のブログ「MAS日記」（http://www.aqu-aca.com/masblog/）と
アクアヴィジョン・アカデミーのウェブサイト（http://www.aqu-aca.com）に常時アップ

坂本政道　はるかなる意識の旅　**ダークサイドとの遭遇**

平成27年11月13日　第１刷発行

著　者　坂本　政道
発行者　日高　裕明
発　行　ハート出版

〒171-0014　東京都豊島区池袋３-９-23
TEL 03-3590-6077　FAX 03-3590-6078
ハート出版ホームページ　http://www.810.co.jp

乱丁、落丁はお取り替えします。その他お気づきの点がございましたらお知らせ下さい。

ISBN978-4-8024-0005-3 C0011　　印刷／中央精版印刷

坂本政道の本

覚醒への旅路

「覚醒」とは何を意味するのか。どういう精神状態に達することなのか。覚醒するには何が必要なのか。解き明かされる「覚醒」のすべて。
本体 1800 円

あの世はある！

人は死んだらどうなるのか？　誰もが抱く疑問を明確に解き明かす。死は終わりではない。だから死を悲しみ嘆き、怖れることはないのだ。
本体 1500 円

明るい死後世界

恐怖を強調する「あの世」観を一掃する。ヘミシンクを使い実際に垣間見た死後世界は、光あふれる世界だった。
本体 1500 円

ベールを脱いだ日本古代史Ⅰ～Ⅲ

Ⅰは三輪山の龍神から邪馬台国まで　Ⅱは伊勢神宮を中心にした世界　Ⅲは出雲大社など　日本古代史の謎と秘密を独自の視点で解く。
本体各 1800 円

死後体験Ⅰ～Ⅳ

ヘミシンクの実体験をもとに、「死後世界」を垣間見る。新しい感動が次々と現れる。「知りたいこと」が手に取るようにわかる４冊。
本体各 1500 円

坂本政道　ピラミッド体験

バシャールが教えたピラミッド実験で古代の叡智が明かされる。
本体 1800 円

分裂する未来

バシャールとの交信で明らかになった「事実」。ポジティブとネガティブ、未来を選ぶのはあなたなのだ。
本体 1500 円

坂本政道　推薦／監修の本

西宏 著

軽トラでやってきた神さま

ヘミシンク界の新星か？　公認トレーナーでもある著者が、エクササイズ中に発見したガイドとの出会いを紹介。ガイドの素顔は意外だったが、人生に役立つうんちくが豊富。あなたにとって必要なメッセージも。本体 1600 円

芝根秀和 著

あきらめない！　ヘミシンク

公認トレーナーの挫折と成長、そして気付きとコツ。体験の中で得たヘミシンクの極意を公開。挫折は当たり前でも、大切なイマジネーションを信じれば奇跡は起こるのだ。本体 1800 円

芝根秀和 著

自己流アセンション

一流を目指すな。自己流が第一。自分だけの体験、経験が大切なのだ。落ちこぼれであっても「見捨てられる」ことはない。もっともっと「自分の体験」を大切にして伸ばしていこう。本体 1800 円

芝根秀和 著

ヘミシンク完全ガイドブック
全６冊合本　本体価格 5000 円

従来の「ヘミシンク家庭用プログラム〝ゲートウェイ・エクスペリエンス〟①～⑥」の各ガイドブックを一冊にまとめました。初心者からベテランまで役立つ待望の本です。実際のセミナーに準じた、それ以上の内容がつまっています。